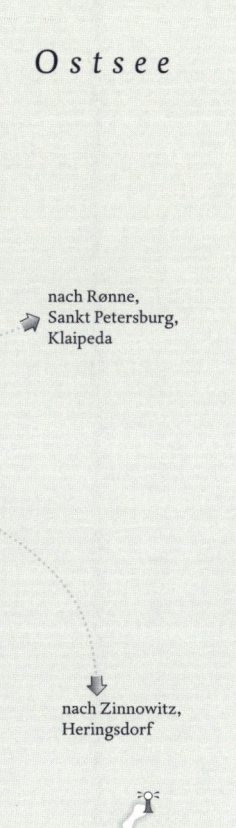

mare

Claudia Rusch

Mein Rügen

mare

4. Auflage 2025
© 2010 mareverlag GmbH & Co. oHG,
Pickhuben 2, 20457 Hamburg

Karte Peter Palm, Berlin
Typografie Farnschläder & Mahlstedt, Hamburg
Schrift DTL Dorian
Druck und Bindung CPI books GmbH, Germany
ISBN 978-3-86648-126-8

www.mare.de

Kontaktadresse nach EU-Sicherheitsverordnung:
produktsicherheit@mare.de

Für meine Großmutter

Inhalt

Sei mir gegrüßt, du ewiges Meer!
Wie Sprache der Heimat rauscht mir dein Wasser,
Wie Träume der Kindheit seh ich es flimmern
Auf deinem wogenden Wellengebiet.

Heinrich Heine, Meeresgruß, 1826

Schlussspurt auf die Insel.
Stralsund und Altefähr

Ehrlich gesagt erreiche ich den Rügendamm immer lange bevor Stralsund überhaupt in Sicht kommt. Ich kann gar nichts dagegen tun. Sobald die Ostseeautobahn hinter Greifswald nach Norden abzweigt, stehe ich an den Ufern meiner Kindheit. Es ist egal, was im Radio läuft, es ist egal, womit ich gerade beschäftigt bin oder wer im Wagen neben mir sitzt; wenn es um die letzten dreißig Kilometer vor Stralsund geht, habe ich meine Aufmerksamkeit nicht mehr im Griff. Es reicht gerade noch für den Straßenverkehr. Brandshagen, Zarrendorf, Devin, Andershof – das alles klingt so sehr nach Zuhause, nach Ostsee und Rügen, nach Oma, Möwen und Meereskundemuseum, dass ich das breite Grinsen auf meinem Gesicht nicht unterdrücken kann. In Gedanken bläst mir der Wind schon schnaubend das Haar ins Gesicht, und die See riecht nach Salz und Heimat. Der Weg nach Stralsund wird immer mein Heimweg sein.

Dabei wohnt längst niemand mehr von früher in der alten Hansestadt, in der ich an einem stürmischen Herbsttag 1971 zur Welt kam. In einem Krankenhaus aus rotem Backstein in der Nähe des Hafens. Ich war das einzige Mädchen in drei Tagen. Die Schwestern banden mir ein rosa Schleifchen um, und meine Oma sah auf den ersten Blick drei Dinge: »Das Kind hat unsere Hüften, meine Ohren, und sie ist Linkshänderin.« Sie hat mit allem recht behalten.

Seit meine Großmutter 1990 zu uns nach Berlin zog, war ich nur noch selten in Stralsund. Immer auf der Durchreise. Meistens nach Rügen, manchmal nach Hiddensee, Schweden oder Bornholm. Aber einfach vorbei kam ich an der Stadt meiner Kindheit nie. Sosehr die Insel und die See mich lockten, ich nahm mir jedes Mal Zeit, bog die letzte Straße links vor dem Sund auf die Reiferbahn ab und machte wenigstens einen kurzen Umweg zum Großen Diebsteig. Halbe Strecke zwischen Hafen und Rügendamm.

Hier wohnte meine Großmutter. In einem Altneubau mit gelben Kachelöfen und dem Geruch von Bohnerwachs im Hausflur. Von den Fenstern ihrer Wohnung aus konnte man die Möwen füttern. Das ständige Fressen hatte die Vögel fett und unverschämt, aber nicht behäbig gemacht. Sie rasten im Sturzflug herab, schnappten sich die Kanten und würgten sie noch in der Luft hinunter. Mit ohrenbetäubendem Gekreisch fielen sie über jeden Krumen her und forderten schrill und unflätig Nachschub.

Doch seit ein Autobahnzubringer direkt auf die dreispurige Hochbrücke zur Insel führt, ist es vorbei mit meinen kleinen Ausflügen in die Frankenvorstadt, denn die neue Brücke rauscht über Stralsund einfach hinweg. Abfahrt, zack und Rügen. So schnell geht das jetzt. Nächster Halt Altefähr.

In meiner Kindheit waren die Wege auf die Insel langsamer. Für Menschen wie für Fahrzeuge. In den Sommermonaten stand man auf dem Rügendamm ständig im Stau. Fußgänger und Fahrradfahrer zogen auf ihrer Spur gemütlich an den eingekeilten Autos vorbei, die sich nur meterweise vorwärtsbewegen konnten. Wenn überhaupt.

Zwischen Trabis, Ladas und Wartburgs klemmten immer auch ein paar Volvos mit schwedischen Kennzeichen. Sie waren unterwegs nach Sassnitz, um sich dort im Fährhafen nach Trelleborg einzuschiffen.

Die ewigen Staus auf dem Rügendamm und vor allem die steten Wartezeiten an der Ziegelgrabenbrücke beförderten, was eigentlich äußerst unerwünscht war: privaten Kontakt zwischen Transitreisenden und Einheimischen. Je länger die Klappbrücke oben war, desto schneller kamen die Menschen ins Gespräch, wenn sie aus ihren Autos stiegen, um eine zu rauchen, sich die Beine zu vertreten – oder sich zu unterhalten.

Als ich fünfzehn Jahre nach der Wende in Lund aus meinem ersten Buch las, in dem ich vom Rügendamm, von den Schiffen in Sassnitz und meiner Sehnsucht erzähle, hat der halbe Saal leise geschluchzt. Im ersten Augenblick überraschten mich diese starken Emotionen, aber dann verstand ich. Natürlich. Lund liegt in Schonen. Südschweden. Meine Zuhörer kannten alle die Verbindung über die Insel, kannten die geöffnete Klappbrücke von Stralsund, die Autoschlangen, die Fähre nach Trelleborg und das Meer zwischen uns. Sie waren es gewesen, die mit uns auf dem Rügendamm jahrelang im Stau gestanden hatten. Diese unerwartete, späte Wiederbegegnung hat auch mich sehr berührt.

Die neue Strelasundquerung hat das Stauproblem gelöst. Doch während oben der Verkehr nach Rügen jetzt ungehindert fließt, unterbricht die Ziegelgrabenbrücke unten nach wie vor in regelmäßigen Abständen das Durchkommen. Es geht gar nicht anders.

Die Ziegelgrabenbrücke verbindet das Festland mit dem

Dänholm, einer kleinen, vorgelagerten Insel, von wo dann der eigentliche Rügendamm auf die andere Seite führt. Weil zwischen Meer und Bodden kreuzende Segelboote mit hohen Masten nicht darunter hindurchpassen, wurde über dem Ziegelgraben eine imposante Klappkonstruktion aus Eisen gebaut. Mit Schrauben, so groß wie Suppentassen. Sie öffnete sich mehrmals täglich. Für Kinder und Erwachsene war es stets ein kleines Spektakel, wenn die Sicherungsschranken der Ziegelgrabenbrücke heruntergingen, sich plötzlich die Fahrbahn teilte und in die Luft schwang. Manchmal, wenn meine Großmutter ihre Ruhe haben wollte und bei uns im Hof nichts los war, gab sie mir zwanzig Pfennig für eine Zuckerschnecke und schickte mich zur Brücke. Sie wusste, dass dort für mich keine Gefahr bestand. Mit offenem Mund, aus dem vermutlich die Reste der Zuckerschnecke krümelten, beobachtete ich bewegungslos und fasziniert, wie die Tragwerke sich hoben, die Segelschiffe durchließen und sich dann wieder senkten. Die Motoren der wartenden Autos wurden jedes Mal schon ungeduldig gezündet, bevor die Brücke sich richtig geschlossen hatte. Auch mein Vater tat das. Ich habe mir das nie angewöhnt. Ich mag das Warten an der offenen Ziegelgrabenbrücke.

Manchmal holte ich Oma dort ab, wenn sie mit ihrem Fahrrad von der Arbeit in der Kaserne auf dem Dänholm kam. Sie war Sachbearbeiterin in der Seezeichenprüfstelle beim Seehydrographischen Dienst, der in einem Land, in dem die gesamte Küste schwer bewachtes Grenzgewässer war, natürlich der Marine unterstand.

Ich war ein sehr selbstständiges Kind und bewegte mich früh alleine in Städten. Deshalb zwang meine vorsichtige Großmutter mich schon im zarten Alter von sechs Jahren, den Namen ihrer Arbeitsstelle fehlerfrei aufzusagen, damit sie sicher war, dass ich korrekt beauskunften konnte, falls mich die Polizei omalos aufgreifen oder sie selbst unerwartet einem Unfall erliegen sollte. Aus einer streng preußisch-protestantischen Familie stammend, hatte sie volles Vertrauen in die Behörden und deren Fähigkeit, mich im Zweifel zu meiner Mutter im fernen Berlin zurückzubringen.

»Seehydrographischer Dienst« war ein echter Brocken und mein erstes Fremdwort – als meine Mutter sich kurz nach meiner Einschulung mit einem cholerischen, klein gewachsenen Philosophen namens Hansi einließ, stieß ich diesbezüglich jedoch an meine Grenzen. »Seehydrographischer Dienst« hatte ich geschafft, an »Philosoph« scheiterte ich. Ich vertat mich jedes Mal und sagte »Fiesoloof«. Erst aus heutiger Sicht ist klar, wie treffend das den Mann charakterisierte.

Obwohl ich auf der alten Ziegelgrabenbrücke und dem Rügendamm Schiffen nachschauend, Möwen fütternd und Oma erwartend ein Drittel all meiner Ferien verbracht habe – und zwar genau das Drittel, welches ich nicht in den Sundlichtspielen auf dem Frankendamm bei DEFA-Märchenfilmen oder irgendwo am Wasser saß –, benutzten Oma und ich die Brücke nur selten, wenn wir nach Rügen hinüberwollten. Stattdessen nahmen wir meistens den Dampfer. Vom Stralsunder Hafen setzten stündlich Fähren auf die Insel über. Mir gefiel das gut. Wenn die Schiffe der Weißen Flotte richtig Fahrt aufnahmen, dann fühlte es sich fast an, als sei der Bodden schon das offene Meer.

Erst als ich später ein kleines grünes Klappfahrrad in Stralsund hatte, fuhren wir häufiger über den Rügendamm. Die letzten hundert Meter ging es steil bergab, und ich war empört, dass meine Großmutter jedes Mal den Schlussspurt auf die Insel gewann. Ich hatte noch keine Ahnung von den Gesetzen der Schwerkraft. Sie schon, stemmte aber trotzdem siegesbewusst die Hände in die Hüften und sagte: »Da staunste, Jungfer, wie fit deine alte, gebrechliche Großmutter noch ist?!« Sie war damals Anfang fünfzig.

Am Ende der Brücke führte rechts eine Landstraße in Richtung Poseritz, scharf links ging es nach Altefähr. Der kleine Fischerort trägt es schon im Namen; die Fähre über den Strelasund ist die älteste Verbindung zwischen dem Festland und Rügen. Fast tausend Jahre lang war sie die einzige. Manchmal ist zu lesen, der Rügendamm sei im Zuge der KdF-Bewegung gebaut worden, um den zu erwartenden Besucherstrom nach Prora zu sichern. Aber das ist Unfug. Konkrete Pläne für eine stabile Sundquerung hatten bereits die Schweden Anfang des 19. Jahrhunderts. Seit der Schienenverkehr in Richtung Insel so enorm gestiegen war, dass in den 1880er-Jahren von Stralsund nach Altefähr mittels Eisenbahnfährschiffen angeschlossen werden musste, wurde der Bau einer Brücke nach Rügen allmählich unerlässlich. Das Großprojekt scheiterte immer wieder an verschiedenen, vorwiegend finanziellen Hürden. Erst im August 1931 konnte endlich der Grundstein für den Rügendamm gelegt werden. Da war an »Kraft durch Freude« noch nicht zu denken, auch wenn die Existenz der Brücke später diesem Vorhaben durchaus entgegenkam.

Stralsund und Altefähr sind von jeher eng miteinander verbunden. Über den kleinen Hafen des Ortes erreichten nicht nur Urlauber Rügen, sondern auch Handelswaren aller Art, Fuhrwerke, später die Waggons der Deutschen Reichsbahn. Ende der 1920er-Jahre, als der Bau einer Brücke längst dringend überfällig war, fuhren jährlich schon knapp 190000 Menschen auf Schiffen von Stralsund nach Altefähr und zurück. Wenn Stralsund das Tor zu Rügen ist, dann war Altefähr jahrhundertelang die Haustür der Insel.

In der Wohnung meiner Oma im Großen Diebsteig, der zu DDR-Zeiten Philipp-Müller-Straße hieß, hing der Druck eines sehr alten Kupferstichs von Matthäus Merian dem Älteren, den ihr die Kollegen zu irgendeinem Jubiläum geschenkt hatten. Wenn man genau hinschaut, dann ist sogar auf dieser berühmten historischen Stadtansicht Stralsunds aus dem Jahr 1640 die Symbiose zwischen Altefähr und Stralsund zu erkennen. Merian hat sich ein bisschen mit den Perspektiven vertan, und auch die Berghöhe, an deren Buschwerk vorbei der Künstler auf die Stadt hinunterschaut, wird man im norddeutschen Flachland wohl lange suchen müssen, aber er hat sich doch die Mühe gemacht, Altefähr mit ins Bild zu nehmen. Merian nennt es, der damaligen Schreibweise nach, »Olde Fehr«.

Es sind ein paar Häuser zu erkennen, einzelne Bäume, eine kleine Wehrfeste auf einem Hügel, die Dorfkirche und ein weit, weit ins Wasser reichender Anlegesteg. Er misst die doppelte Länge des Kirchturms. Als würde Altefähr der Hansestadt helfend eine Hand über den Sund entgegenstrecken.

Erst die Eröffnung des Rügendamms 1936 hat das Dorf seiner uralten, wichtigen Landefunktion für die Insel enthoben.

Nachdem der Fährverkehr daraufhin über zwanzig Jahre lang ganz zum Erliegen gekommen war, wurde 1957 die Linie in kleinem Rahmen als eine Art Naherholungszubringer für

Sommerausflügler wieder eingerichtet. Das erste Schiff dafür finanzierten die Stralsunder Bürger aus Spendengeldern selbst. Sie fuhren traditionell gern nach Altefähr, nicht zuletzt, weil es dort früher einen richtigen Badestrand gab.

In den Jahren nach der Wende ist der kleine Hafen für Segler ausgebaut worden. Wo früher die Stralsunder Kinder mit Eimern und Förmchen im Sand saßen, ist jetzt alles befestigt und eine Promenade entstanden. Der Strand mit seinem seichten Ufer ist verschwunden.

Doch das Beste an Altefähr wird immer da sein. Unverbaubar. Denn obwohl der Ort selbst sehr malerisch ist, mit seinem Kopfsteinpflaster, den strohgedeckten Häusern und der innen wie außen sehr schönen Seefahrerkirche St. Nikolai aus dem 15. Jahrhundert, ist das eigentliche Erlebnis doch zweifellos der Blick über den Bodden.

Der Blick auf Stralsund, die Stadt am Meer.

Nirgendwo ist die Silhouette der ehrwürdigen, einst so mächtigen Hanseatin imposanter. Wer von Altefähr aus gesehen hat, wie die roten Backsteinfassaden Stralsunds in der Abendsonne glühen, der versteht sofort, warum sie 2002 ins Weltkulturerbe der UNESCO aufgenommen wurde.

Meine Großmutter liebte diesen Anblick über alles. Er war einer der Gründe, warum sie so gerne und oft nach Altefähr fuhr. Sie war keine große Baderin, und um entspannt in der Sonne zu dösen, reichte ihr die Campingliege im Hof. Doch die Freude, von der anderen Sundseite auf Stralsund zu schauen, verblasste für sie auch nach Jahrzehnten nicht. Manchmal, wenn wir beide auf einer Decke am Strand von Altefähr saßen und ich an einer Klappstulle kaute, die sie mir in die Hand gedrückt hatte, sagte sie: »Was hab ich für ein Glück, dass ich hier wohne! Welche Stadt ist schon so schön wie Stralsund?«

Sie lebte gerne dort und hatte den Tausch gegen Breslau akzeptiert. Vielleicht war es auch nur die beste Alternative, und sie hat Schlesien mehr vermisst, als sie zugeben wollte.

Ich glaube nicht, dass meine Oma ihre Heimat südlich des Katzengebirges zwischen Ohle und Oder verlassen hätte, wenn sie nicht durch den Krieg dazu gezwungen worden wäre. Genau weiß ich es nicht. Sie hat nie darüber geredet. Über solche Dinge sprach sie nicht. Sie erzählte lieber Witze.

Stralsund musste sie sich nicht schönlachen. Die Stadt und die See mochte sie wirklich. Obwohl sie selbst an einem Ort fernab der Küste geboren und aufgewachsen war, hat mich meine Großmutter fester mit dem Meer verbunden als jeder andere Mensch. Sie schwärmte oft von Wind, Wasser, Möwen – und von den hübschen Matrosen, die überall in der Stadt herumliefen. Sie nannte die Jungs mit den lustig wippenden, blauen Bändern an ihren weißen Mützen »Mollis«, wie man es früher tat, und wenn sie gut gelaunt war, pfiff sie ihnen manchmal hinterher. Auch noch, als sie längst über sechzig war.

Die neue Rügenbrücke hat sie nicht mehr kennengelernt. Die Bauarbeiten begannen 2004. Da war meine Großmutter schon schwer krank. Ein Jahr vor der feierlichen Eröffnung starb sie.

Als ich das erste Mal über die neue Brücke auf die Insel fuhr, nahm ich in einem Impuls die Abfahrt nach Altefähr, stellte meinen Wagen am Hafen ab und ging nach vorne ans Wasser.

Dort stand ich, rauchte nacheinander drei Zigaretten und sah hinüber.

Gott und der Feierabend.
Wo Rügen am schönsten ist

Obwohl Altefähr der erste Ort auf Rügen ist, gehört er auf meiner inneren Landkarte noch zu Stralsund. Das hat einerseits natürlich mit den Erinnerungen an meine Großmutter zu tun, andererseits aber mit dem Umstand, dass mein Weg auf die Insel nie über Altefähr führte. Weder als wir auf Rügen lebten noch später in den Ferien, die ich oft bei Freunden in Wiek oder meinem Vater in Dranske verbrachte. Der Bus nach Bergen, von wo wir in Richtung Wittow im Norden weiterfuhren, ließ Altefähr genauso links liegen wie der Zug. Es gab zwar einen Bahnhof namens Altefähr, dieser aber befand sich direkt am Fuß des Rügendamms und so sehr abseits auf weiter Flur, dass die Häuser des Ortes von dort nicht zu sehen waren. Hätte meine Großmutter mit mir nicht regelmäßig Ausflüge nach Altefähr unternommen, wäre ich wahrscheinlich bis heute nicht dort gewesen.

Das klingt absurder, als es ist. Es gibt sehr viele Orte auf Rügen, an denen ich nie war. Und das hat nichts damit zu tun, dass ich vor langer Zeit von dort weggezogen bin. Die Leute machen sich da oft Illusionen. Sie wissen zwar, dass sie es mit der größten Insel Deutschlands zu tun haben, übersehen jedoch, dass die Betonung dabei auf »größte« und nicht auf »Insel« liegt. Man kann auf Rügen von einem Teil zum anderen, etwa von Dranske nach Thiessow, ohne Weiteres siebzig bis achtzig Minuten im

Auto unterwegs sein ... Die wenigsten Rüganer sind mit der ganzen Insel vertraut. Dafür ist Rügen einfach nicht übersichtlich genug.

Man muss schon ein passionierter Heimatforscher sein, um sich in jeder Ecke richtig auszukennen, denn die Insel hat eine Gesamtausdehnung von knapp tausend Quadratkilometern. Das ist zwar weniger als ein Drittel von Gotland, entspricht aber immerhin den Flächen der Freien Hansestädte Hamburg und Bremen zusammen. Oder friesisch gerechnet dem Zehnfachen von Sylt.

Man darf sich indes keine kompakte Landmasse vorstellen. Rügens tausend Quadratkilometer verteilen sich neben dem Inselkern auf Halbinseln, Haken, Kaps, Landzungen, Nehrungen und kleine bis winzige Nebeninseln. Die gesamte Küste ist außerordentlich zerfurcht von Buchten, Wieken und Bodden. Das ist der Grund, warum der Fremdenverkehr großspurig damit werben kann, dass man auf Rügen nirgendwo mehr als sechs Kilometer vom nächsten Wasser entfernt ist. Aber Vorsicht: Nur der Uneingeweihte lässt sich von diesem Satz suggerieren, es handle sich dabei stets um das offene Meer. Gerade im Inselkern sind damit die zahlreichen Bodden gemeint, allen voran der Große und der Kleine Jasmunder, welche Rügen in diese vielen Einzelteile zerlegen und der Insel eine beachtliche Küstenlänge von 574 Kilometern bescheren. Das ist mehr als die gesamte restliche Ostseeküste Mecklenburg-Vorpommerns.

Die drei wichtigsten Halbinseln Rügens sind Wittow im Nordwesten, Jasmund im Nordosten und Mönchgut im Südosten. Wer die Rügener Standards gesehen haben will, muss sie alle drei besuchen: Wittow wegen Kap Arkona, Jasmund wegen der Kreidefelsen und Mönchgut wegen sanfter Hügel an malerischer Boddenlandschaft.

Kleinere, nicht weniger idyllische Halbinseln Rügens sind Zudar im Süden, Lebbin und Liddow, Lieschow vor Ummanz, Drigge im Strelasund oder Pulitz im Kleinen Jasmunder Bodden.

Außerdem gibt es fast überall Landzungen, die auch weit ins Wasser ragen, sich von Halbinseln aber durch die Breite ihrer Festlandverbindung unterscheiden. Die bekanntesten sind der Bug bei Dranske, der Reddevitzer Höft und die beiden Zicker auf Mönchgut.

Die drei größten Nebeninseln Rügens sind: Ummanz im Westen, das legendäre Bonzenparadies Vilm im Süden und Öhe vor Schaprode. Die meisten anderen Eilande sind Vogelschutzgebiete und unbewohnt, wie Liebitz im Kubitzer Bodden, Heuwiese vor Ummanz, Tollow in der Maltziener Wiek vor dem Zudar, Liebes, Mährens, Wührens und Urkevitz (wohin von Ummanz eine Brücke führt, das aber trotzdem nicht unbefugt betreten werden darf) im Varbelvitzer Bodden.

Die Insel Hiddensee dagegen ist kein geografischer Nebenschauplatz Rügens, sondern zählt extra. Administrativ gehört die westlich gelegene Insel zwar zum Landkreis Rügen dazu, ist jedoch kulturell und landschaftlich ein eigener Raum.

Mittlerweile wird seine Gebietsunabhängigkeit allerdings nur noch künstlich aufrechterhalten, denn ließe man der Natur ihren Lauf, wäre Hiddensee durch starke Anlandung längst am Buger Haken an Rügen herangewachsen. Die ausgebaggerten Fahrrinnen um Hiddensee herum kann man auf Satellitenbildern erschreckend gut erkennen. Wie Kanäle ziehen sie eine Spur durch das fast versandete, seichte Wasser im Süden und Norden der Insel.

Das, was da im Vitter Bodden und vor Barhöft angespült wird, hat sich das Meer anderswo geholt. Meistens an den Steilküsten. Wie auf allen Ostseeinseln ist die beständige Küstenerosion auch auf Rügen ein erhebliches Problem. Mit den üblichen Uferschutzmaßnahmen wird versucht, dem Landverlust beizukommen, doch ganz verhindern kann man ihn nicht. Rügens Küste ist in Bewegung. Unser kleines baltisches Brackmeer, von den großen Ozeanen zu Unrecht gerne ein wenig belächelt, zeigt hier seine ganze Kraft. Die Kreidefelsen etwa verlieren durch Brandung und Stürme jährlich circa zwanzig Zentimeter. Das Abbrechen ganzer tonnenschwerer Gesteinsformationen nicht mitgerechnet. Wenn man bedenkt, dass diese Ablagerungen aus Kalk und Muscheln einst für das Anwachsen nur eines halben Millimeters ein komplettes Jahr benötigt haben, dann wird klar, mit welcher Zerstörungswut die See vorgeht.

Die Insel selbst sieht diese Entwicklung entspannter als wir Menschen. Sie ist das gewohnt. Wie gewonnen, so zerronnen. Der Wasserspiegel der Ostsee hat sich in den vergangenen Jahrtausenden mehrfach gehoben und gesenkt, er hat Flussläufe ertränkt, Täler geflutet und Dünen in Moore verwandelt. Die See hat Land überschwemmt und Land freigegeben. Rügen in seiner jetzigen Form hat sich erst in den letzten 12000 Jahren herausgebildet. Von der Kreidehochebene, zu der die Insel ursprünglich gehörte, sind nach Verwerfung und Verwitterung durch die Naturgewalten heute lediglich Rügen und sein dänischer Zwilling Møn übrig. Der Rest der weißen Pracht liegt zerrieben und zerbrochen auf dem Grund des Meeres.

Die lokale Sagenwelt hat für die Entstehung der Insel natürlich eine ganz andere Erklärung. Gott hat Rügen geschaffen – und nicht irgendwann, sondern als letzte Amtshandlung am Ende des (nach Moses) entscheidenden dritten Tages. Und zwar in einem Akt göttlicher Resteverwertung.

Ich liebe diese Sage, denn sie ist absurd, komisch und vermessen zugleich. Ein Kleinod plattdeutschen Seemannsgarns: »As uns' Herrgott de Welt schaffen dehd un all binah dormit farig wir, stunn He avends so kort vör Sünnenunnergang up Bornholm un keek von hier nah de pommersche Küst röwer. Bi Em leg de Murerkell un de grote Moll, in de öwer man blot noch'n lütt bäten Ird öwrig wir, denn He harr all den ganzen Dag arbeit't.«

Nach einem anstrengenden Arbeitstag also steht Gott kurz vor Sonnenuntergang auf der Insel Bornholm und schaut zum pommerschen Festland hinüber. Neben sich Seine Maurerkelle und die letzten Reste Erde im Eimerchen. Weil Er sie nicht verkommen lassen will und Ihm die Küste noch etwas kahl erscheint, holt Er kurzerhand aus, zielt, und der Schaufelinhalt landet in zwei Portionen vor Pommern im Wasser. Platsch, Inselkern, klatsch, Halbinseln. Die Unebenheit seines finalen Werkes entgeht Ihm durchaus nicht, aber Gott hat keine Lust mehr, weiterzumachen. So sagt Er sich: »Nu is Fierabend un nu lat't man so wesen, as't is't.«

Tja. Un jüstso blievt't denn man ook.

Das ist die großartigste, lebensnahste und unprätentiöseste Auslegung der Genesis, die ich je gehört habe. Gott und der Feierabend. In Maurermontur auf Bornholm. Fix und fertig. Da soll noch mal einer behaupten, wir Norddeutschen hätten keinen Humor!

Ob es nun Gott, die Tektonik oder beide zusammen waren, ein Meisterwerk ist Rügen in jedem Fall. Denn die Insel ist nicht nur ungewöhnlich zerklüftet, sie hat auch sehr unterschiedliche Landschaften und Küstenabschnitte. Die grobe Einteilung in hohen, rauen Norden, flachbuchtigen, lieblichen Süden und leicht gewellte, der Grundmoräne Mecklenburgs ähnliche Ackerstruktur in der Mitte geht an der außergewöhnlichen Vielfalt Rügens völlig vorbei.

Wie unterschiedlich es in den einzelnen Gegenden aussieht, merkt man auch daran, dass sich Feriendomizile der Insel in ihren Reiseprospekten, auf ihren Internetseiten oder Werbeflyern auffällig oft mit dem Prädikat »Urlaub, wo Rügen am schönsten ist« schmücken. Mönchgut nimmt den Titel der Miss Rügen für sich ebenso in Anspruch wie Kap Arkona, die Kreidefelsen der Stubbenkammer, die feinsandige Schaabe, die in altem Glanz auferstandenen Ostseebäder, die schilfumwucherten, stillen Ufer der beiden Jasmunder Bodden, das einsame Liddow, die wilden, weiten Strände Wittows, Lauterbach mit seinem schicken Jachthafen und dem berühmten Räucherschiff *Berta*, das ministerratsbefreite Vilm, die verträumte Gegend um Wreechen und Neukamp, der Stein gewordene Größenwahn von Prora, die »Weiße Stadt« Putbus, das friedliche Ummanz und so weiter.

Der Witz daran ist: Sie haben alle recht. Rügen ist überall am schönsten. Weil Rügen überall anders ist.

Der große Formenreichtum der Insel kann den Erstbesucher, der einen Überblick schätzt, bevor er bucht, schon mal überfordern. Doch zumindest was die abwechslungsreiche Küstenstruktur angeht, ist hier vergleichsweise leicht Abhilfe zu schaffen. Nämlich mittels einer Inselumrundung. Zum Beispiel in der

Saison einmal wöchentlich auf dem hübschesten Ausflugsschiff, mit dem ich jemals gefahren bin: der MS *Marco Polo*. Sie ist sogar hochseetauglich, eine Qualifikation, die für »Rund um Rügen« eigentlich nicht nötig wäre. Obwohl manche Segler sagen, man solle die Flachwasser vor der Insel nicht unterschätzen. Wenn sie ungünstig mit den Windverhältnissen kooperieren, können sie durchaus bösartig sein.

Aus eigener Erfahrung kann ich das nicht bestätigen, denn ich bin leider bis heute noch nicht um Rügen herum gesegelt. Als ein geplanter Inseltörn mit Freunden vor einigen Jahren ausfallen musste, habe ich mich dafür mit der zehnstündigen Tour auf der *Marco Polo* entschädigt. Einmal im Uhrzeigersinn um die Insel. Das war auch sehr schön.

Zumal an diesem Junitag außerhalb der Ferienzeiten nur wenige Passagiere an Bord waren. In erster Linie Paare mittleren Alters in Partnerlookwindjacken, wie man sie um diese Jahreszeit überall an der Küste trifft. Der Farbtrend lag in dem Frühsommer bei Rot-Schwarz. Was mir etwas peinlich war, denn ich trug zwar ebenfalls eine rot-schwarze Windjacke, wirkte darin aber irgendwie unachtsam, weil ich keinen identisch gekleideten Partner dabeihatte. Als sei der mir samt passender Windjacke unterwegs verloren gegangen. Aus purer Nachlässigkeit.

Dabei gehörte der heimtückische Anorak nicht mal mir selbst. Ich hatte ihn nur von meiner Mutter geliehen, und ich schwöre, mein Vater besitzt kein Pendant!

Mit Partnerlookpaaren kommt man auch als halbe Jacke immer schnell ins Gespräch. Sie sind meist sehr nett und aufgeschlossen. Sobald sie herausgefunden haben, dass ich ursprünglich von Rügen stamme, stellen sie jedes Mal die gleiche Frage: Wo sollte man auf der Insel am besten Urlaub machen?

Das ist nicht pauschal zu beantworten, denn man kann ohne Weiteres ganz Rügen schön finden, aber nicht überall gleichzeitig seine Ferien verbringen. Deswegen antworte ich normalerweise mit einer Gegenfrage: Was gefällt Ihnen denn? Man könnte auch fragen: Was suchen Sie? Oder: In welcher Stimmung sind Sie?

Ruhe. Geselligkeit. Rückzug. Remmidemmi. Naturerscheinungen. Architektur. Aktivurlaub. Entspannung. Wassersport. Reitsport. Radsport. Angelsport. Wandern. Baden. Lesen. Vergangenheit. Gegenwart. Zeltplatzromantik. DDR-Charme. Lauben. Reetdachhäuser. Vornehme Hotels. Windgeschützt oder sturmgebeutelt. Handwerk. Kunst. Technik. Fossilien. Feuersteine. Findlinge. Fischerei. Kaiserliche Marine. Wehrmacht. NVA. Große Schiffe. U-Boote. Kutter. Kähne. Seeluft. Landluft. Waldluft. Wiesen. Heide. Forst. Weite Flur oder offene Ostsee. Steilufer. Flachufer. Schrägufer. Sandstrände. Steinstrände. Blockstrände. Meer. Bodden. Süßwasserseen. Sonnenaufgänge. Sonnenuntergänge. Frühling, Sommer, Herbst und Winter …

Auf Rügen findet jeder, was er sucht. Nur nicht alles am selben Ort. Sondern verteilt auf 100 000 Hektar reinster Herrlichkeit. Da liegt der Gedanke an Gott dann doch wieder nah.

Nicht nur Rügens Küste variiert zwischen Nord und Süd, Ost und West, auch das Wetter kann sehr unterschiedlich sein. Wenn es in Sassnitz regnet, ist das kein Grund, in Nonnevitz nicht bei fröhlichstem Sonnenschein zu baden oder im Bodden zu surfen.

Die Schiffstour demonstrierte das in allen Facetten. Im

Osten der Insel war das Wetter scheußlich. Nach sintflutartigen Regengüssen zwischen Binz und Baabe kam ab Göhren so starker Nebel auf, dass vom Süden der Insel bis kurz vor Drigge gar nichts mehr zu sehen war. Zeitweilig erkannte man kaum die eigene Hand vor Augen.

»Büschn diesig heute«, verharmloste der Kapitän die Lage per Mikrofon. Keine Insel, kein Festland, nix. Wir hätten auch Grönland anlaufen können. Dabei sieht man von Mönchgut oder Lauterbach eigentlich problemlos bis nach Usedom oder zur Ruine des abgeschalteten Kernkraftwerks Lubmin. Stattdessen waren an diesem Morgen die einzigen festen Gegenstände im milchweißen Dunst die Bojen der Fahrrinne. Steuerbord die grünen, backbord die roten, wie es sich nach Vorschrift gehört. In Ermangelung von Aussicht hatte der Kapitän sich darauf verlegt, die Gäste mit nautischen Informationen zu unterhalten. Grundkurs Seezeichenkunde.

Ein saarländischer Jäger, von oben bis unten in Tarnfarben, stand wie eine Galionsfigur am Bug des Schiffes und lobte das gute Klima. Er sei seiner Allergien wegen hier und von Rügen begeistert. Es hatte irgendetwas mit Nadelbäumen zu tun. Ich rauchte.

Als sich das Schiff ungefähr in Höhe von Vilm befand und immer noch nichts zu sehen war – der Kapitän kommentierte inzwischen im Konjunktiv –, sagte der Saarländer: »Schade, dass das Meer heute so neblig ist.«

»Das ist doch nicht das Meer!«, rief ich empört. »Das ist der Bodden.«

»Ach. Macht man da so strenge Unterschiede?«

Pfff! Ich warf ihm einen beleidigten Blick zu. Er verstand sofort.

Die Bodden um Rügen haben ihren ganz eigenen landschaftlichen Reiz, aber das Meer sind sie nicht. Auch nicht der üppige Greifswalder Bodden. Er ist im Vergleich nur eine nasse Wiese, selbst wenn er im Stillen gerne so tut, als sei er schon die offene See. Doch dafür braucht es mehr als nur kein Ufer in Sicht an einem verhangenen Tag. Das Wasser ist anders, der Grund ist anders, die Luft ist anders. Und das Wetter ist auch anders.

Wie ich das meine, wollte der Saarländer wissen.

»Das bleibt nicht so«, erklärte ich wichtigtuerisch und zeigte mit dem Finger nach oben. »Spätestens vor Hiddensee schlägt das Wetter um, und der Himmel reißt auf. Ganz sicher.« Meine Stimme klang so überzeugend, als sei ich die Inselmeteorologin vom Dienst.

Ich hatte Glück, denn es kam genau so. Vor Stralsund lichtete sich der Nebel, es wurde durchwachsen, ab Gellen war Sommer. Bis Kap Arkona lag alles in voller Pracht und Sonne. Am Ende der Tromper Wiek ging das Nieseln wieder los. Vor den Kreidefelsen wurde es ungemütlich. Ab Mukran war dann auch die Sicht wieder weg.

Außer Schnee alles dabei. In zehn Stunden durchs Jahr. Das kann in Deutschland nur Rügen bieten.

Über Bergen nach Wittow.
Der Weg nach Hause

E s ist schon länger her, dass ich eine Landkarte gekauft habe, die sich für ihren eigentlichen Zweck – als Orientierungshilfe auf den frisch angelegten Radwegen Rügens – leider als untauglich erwies, dafür aber später eine andere Aufgabe übernommen hat: Sie dient Rügen-reisenden Freunden in den Ferien zur Übersicht, was auf der Insel meiner Kindheit für mich von Bedeutung ist oder was ich ihnen sonst wie ans Herz lege. Wenn man die Karte auseinanderfaltet, fällt auf, dass sich meine Sternchen und Pfeile einmal ganz um die Außenseite Rügens herumziehen. Meistens stehen bloß einzelne Wörter da. Bug – Seeadler, Sassnitz – Schwedenfähre, Stresower Bucht – Hünengräber und so fort. Bei Altefähr habe ich sinnigerweise Stralsund geschrieben. Ich dachte wohl, das erklärt sich ganz von alleine, wenn man erst mal dort ist.

Die überwiegende Rügenzeit meines Lebens habe ich, als Einheimische wie als Urlauberin, im Norden der Insel verbracht. Demzufolge häufen sich da die Hinweise. Doch auch in den von Wittow und Jasmund weit entfernten Gefilden, wo ich deutlich seltener war, gibt es einiges, was ich anderen gern empfehle.

Wo sich jedoch gar keine Anmerkung meinerseits findet, nicht der kleinste Vorschlag oder Tipp, ist das Inselinnere. Offensichtlich liegt mein persönliches Rügen ausschließlich an der Küste. Bevor ich die kleine Radkarte beschriftete, war mir das in dieser Deutlichkeit gar nicht bewusst gewesen. Obwohl ich natürlich darum weiß, dass die See mein ewiger Sehnsuchtsort ist.

Die Aussparung des zentralen Teils von Rügen hat nichts damit zu tun, dass ich den Inselkern nicht mögen würde. Im Gegenteil. Die duftende Windstille auf den Sommerwiesen, die entrückte Schönheit des Jasmunder Boddens, wo sich Schilf und Himmel im Wasser spiegeln und vor allem der endlose Raps, der im Mai manchmal so hoch steht, dass nichts anderes mehr zu sehen ist, sind tief in meiner Erinnerung verankert. Aber es ist wie mit Altefähr: Ich fuhr immer daran vorbei. Weil etwas anderes mein Ziel war.

Wittow ist der am weitesten vom Festland abgelegene Teil Rügens. Am Ende seiner westlichen Spitze, mit dem ungestümen Wieker Bodden zur einen und der Ostsee zur anderen Seite, liegt der alte Fischerort und spätere Marinestützpunkt Dranske. Dort lebte ich mit meinen Eltern. Wir wohnten an der Seeseite von Dranske. Von unserem Balkon im vierten Stock sah man direkt auf das offene Meer und hörte nachts die Brandung am Ufer wüten.

Wie meine Mutter und mein Großvater vor mir, dessen Eltern genau wie ihre und die ganze Familie großväterlicherseits wuchs ich direkt an der Küste auf. Genau wie meine Vorfahren seit Jahrhunderten lernte auch ich am Meer laufen und sprechen. Als wir Rügen Ende 1976 verließen, hörte man mir das breite Norddeutsch meiner Herkunft deutlich an. Auf alten Mitschnitten, die meine Oma mittels eines kleinen polnischen Kassettenrekorders zu machen pflegte, erzähle ich mit lang gezogenen Vokalen und vernuschelten Konsonanten von »Kinnergebuurtstaagen un annern Sachen«. Ich sage »Möle«, »Modder« und »tüddern«. »Trecker« statt »Traktor«. »Lütt« statt »klein«. Am Ende eines jeden Satzes die Melodie leicht hebend.

Ein Jahr nach dem Umzug sprach ich bereits den zackigen Dialekt Berlin-Brandenburgs. Irgendwann hörten die anderen auf, mich Fischkopp zu nennen. Heute weiß ich selbst nicht mehr, was ich eigentlich bin. Wenn im Kreuzworträtsel nach »Geburtsort« gesucht wird, verlangt das meistens die Antwort »Heimat«. Ganz so einfach ist es im wirklichen Leben nicht.

Dranske liegt vom Rügendamm knapp siebzig Kilometer entfernt. Wenn man statt der Hauptstraße die Abkürzung mit der Wittower Fähre über den Breetzer Bodden nimmt, sind es nur fünfundfünfzig Kilometer. Aber die Wittower Fähre, an der man meistens warten muss und die außerdem Geld kostet, ist eher was für Touristen und Sonntage. So oder so dauert der Weg eine gute Stunde. Früher brauchten wir für diese Strecke mit Zügen, Bussen und Umsteigen über drei Stunden.

Den Weg von Stralsund nach Dranske oder Wiek habe ich so oft in meinem Leben zurückgelegt, dass ich noch den orientierungslosesten Menschen problemlos im Dunkeln am Telefon dorthin dirigieren könnte. Wie die meisten Kinder, die regelmäßig eine bestimmte Strecke fahren müssen, entwickelte auch ich ein Ritual, um die lange Zeit bis zur Ankunft zu verkürzen: Ich setzte Wegmarkierungen und unterteilte so die Distanz in lauter kleine Abschnitte. Aufgeregt saß ich am Fenster und kontrollierte, ob auch alles da war, wo es hingehörte. Nichts durfte verpasst werden. Meine Mutter unterstützte mich nach Kräften dabei. Sie war froh, dadurch meine Aufmerksamkeit von der langweiligen Sitzerei abzulenken.

Noch heute, da ich den Weg längst mit meinem eigenen Auto fahre, suche ich jedes Mal automatisch mit den Augen diese damals von mir festgelegten Punkte. Bis auf die Ostertanne und den kleinen Baum auf einem Bobbiner Strohdach ist nichts weggekommen. Wenn ich guter Laune bin, lasse ich mir davon einreden, dass manches im Leben ewig besteht.

Bevor wir ein eigenes Auto hatten, waren wir auf die öffentlichen Verkehrsmittel angewiesen, um von Stralsund nach Hause zu kommen. Da es keine Direktverbindung gab, nahmen wir erst die Bahn bis Bergen und von dort einen Bus in Richtung Sassnitz. Wir fuhren aber nicht bis dahin durch, sondern stiegen schon an der Busschleife in Sagard aus, wo wir dann wiederum auf den endgültigen Bus nach Hause warteten.

Erst als die Eltern meines zweiten Vaters uns 1985 ihren monsungelben Trabant überließen (nachdem ihnen selbst endlich der lang erwartete Lada zugeteilt worden war), mussten wir keinen Umweg mehr über Bergen machen. Die wegfallenden Wartezeiten beschleunigten die Reise enorm. Abgesehen von dem gesparten Schlenker in die Inselhauptstadt blieb der Weg nach Hause jedoch derselbe.

Der entscheidende Auftakt war natürlich der Rügendamm. Wenn wir im Abteil nicht schon linker Hand saßen, sprang ich auf, sobald wir unter ohrenbetäubendem Rattern die Ziegelgrabenbrücke überquerten, und lief zur anderen Fensterseite. Die Türme von Stralsund und das Wasser durfte ich keinesfalls versäumen. Sie markierten Beginn und Ende des ersten Streckenteils. Rügen ahoi.

Auf der Insel angekommen, tuckerte die Bahn über ihr schmales Gleis parallel zur B96, die damals F96 hieß. Direkt an der heutigen Bundesstraße liegt auch der kleine Ort Samtens, der im Wesentlichen durch zwei Dinge auffällt: erstens den Dauerstau an der dort befindlichen großen Kreuzung und zweitens die alte gotische Backsteinkirche, deren Ziegeldach hinter den dichten Baumwipfeln des Friedhofs romantisch aufleuchtet. Die Kirche war mir als Kind egal, der Stau an der Ampel nicht. Er war so zuverlässig, dass ich ihn nicht nur zur Wegmarke erklärte, sondern auch gleich den Ortsnamen damit ersetzte. Bei mir hieß Samtens viele Jahre nur »Autoschlange«.

Das trifft es eigentlich nach wie vor. Denn der neuen Brücke zum Trotz – im Nadelöhr von Samtens steckt man immer noch fest. Oder jetzt erst recht.

An der ewig verstopften Kreuzung führt eine Straße links nach Gingst und Ummanz, eine andere rechts nach Garz, Zudar und Putbus, und geradeaus geht es zum Rest der Insel. Wir fuhren geradeaus. Mit dem Zug sowieso, aber auch später in unserem Trabi.

Der nächste Fixpunkt war Bergen. Der Busbahnhof lag gleich hinter dem richtigen Bahnhof, wo wir im Schatten der Böschung vor den schräg am Bordstein parkenden IKARUS-Bussen darauf warteten, dass unserer endlich den Motor anließ und losfuhr. Die Straße führte steil nach oben, und manchmal, wenn wir viel Zeit hatten, schlenderte meine Mutter mit mir den Berg hoch zu ein paar kleinen Läden.

Der Linienbus verließ Bergen über die Sassnitzer Chaussee, die kurz vor Ortsausgang rechts von der Rugardstraße gekreuzt wird. Sie führt zur nahe gelegenen höchsten Erhebung Zentralrügens. Der Fürst von Putbus hat den Rugard in der ersten Hälfte des 19. Jahrhunderts aufforsten lassen. Ein Spaziergang auf dem nun dicht bewaldeten Hügel lohnt sich immer, doch das eigentlich Sensationelle am Rugard ist der Ausblick vom Ernst-Moritz-Arndt-Turm. Nach der Sanierung vor einigen Jahren bekam dieser zu seinen historischen Freiluftterrassen noch eine nagelneue Glaskuppel, von der aus man eine Panoramasicht auf die gesamte Insel hat. Wie eine gigantische dreidimensionale Landkarte breitet sich Rügen in seiner ganzen Schönheit und Weite unter dem Betrachter aus.

Kurz vor Strüssendorf erreichte der Bus wieder die Fernverkehrsstraße. Schräg gegenüber der Ralswieker Abfahrt befand sich eine meiner Lieblingsmarken: die Ostertanne. Es war eine sehr hoch gewachsene Lärche, die frei auf einem schmalen Pfad zwischen Feld und Waldrand stand. Ich nannte sie Ostertanne, weil man an ihren Ästen sehr gut eine ganze Wagenladung ausgepusteter, bemalter Eier hätte aufhängen können. Es sprach zwar nichts dagegen, dasselbe mit Weihnachtskugeln zu tun, aber das war keine Option für mich. Wahrscheinlich mussten es deshalb Ostereier sein, weil ich jedes Jahr im Herbst beobachten konnte, wie der Baum für den Winter seine Nadeln abwarf.

Die alte Lärche wurde vor über zwanzig Jahren gefällt. Aber ich werde ihre breit gefächerte Silhouette für immer auf dem Feldweg stehen sehen.

Der Forst, der im Rücken der Ostertanne begann, reichte drei Kilometer hinunter bis zu dem schmalen, künstlichen Damm, der die Halbinsel Jasmund mit dem Inselfestland Rügens verbindet. Die Landbrücke trennt den Großen vom Kleinen Jasmunder Bodden, welcher auf diese Weise seinen Ostseezufluss verloren hat und sich seitdem langsam in einen kaum noch salzhaltigen See verwandelt.

Vom anderen Ufer in Lietzow winkt, prominent über dem

Ort thronend, eine entzückende kleine Burg mit markantem Turm und gestufter Fassade. Dieses auffällige Gebäude aus dem Jahr 1868 hat eine überaus interessante Herkunft, denn es ist die Miniatur eines echten Schlosses, das fünfzig Jahre zuvor im Auftrag eines Herzogs von Urach auf den Ruinen einer spätmittelalterlichen Burg errichtet wurde. Und zwar nach den architektonischen Beschreibungen eines Romans! Das wahrhaft literarische Kastell steht in der Schwäbischen Alb und heißt Lichtenstein. Der Roman, dem es entsprungen ist, heißt auch *Lichtenstein*, und geschrieben hat ihn Anfang des 19. Jahrhunderts Wilhelm Hauff, dem die deutsche Dichtung außerdem noch einen Teil der schönsten Kunstmärchen der Romantik verdankt.

So gesehen ist es nicht ganz abwegig, die Lietzower Villa eines exzentrischen Berliner Eisenbahningenieurs als Märchenschloss zu bezeichnen. Auch wenn sich eigentlich nur »Schloss« nennen darf, was einen adligen Hausherrn hatte. Der Bildvergleich mit dem Originalbau in Württemberg ist ebenso amüsant wie verblüffend.

Touristen halten das falsche Schlösschen in Lietzow oft für eines der vielen Rügener Herrenhäuser oder eine Jagdresidenz des Malte von Putbus. Für mich war es immer die Boddenburg.

Direkt vor ihr ging es scharf links um die Kurve in einen Buchenwald. Im Vergleich zur riesigen Stubnitz, die sich weiter nördlich an der Kreideküste erstreckt, ist er nur ein Hain, aber auf der Fahrt hindurch kann man schon gut erkennen, was den Reiz dieser düsteren, uralten Hochwälder ausmacht. So muss es ausgesehen haben vor 2000 Jahren in Germanien, als Arminius mit seinen Horden die Römer das Fürchten lehrte.

Auch ich habe mich als kleines Mädchen hier gegruselt, aber

ich wusste: Wenn rechts das einsame Forsthaus erscheint, dann wird gleich wieder Licht.

Die nächsten Kilometer kam nichts, was meine Aufmerksamkeit gefesselt hätte. Vermutlich ließ ich in diesem Teil der Strecke zum ersten Mal erschöpft den Kopf an Mamas Schulter oder das Fenster sinken. Mit dem Halbschlaf war es aber sofort vorbei, wenn der Bus nach einer sanften Linkskurve plötzlich über das holprige Kopfsteinpflaster von Sagard rollte.

Vor einigen Jahren ist die L30 in diesem Teil der Insel, genau wie der Ort selbst, umfangreich saniert worden. Deshalb war ich sehr überrascht, dass mein Skoda trotzdem zu hüpfen begann, als ich nach den Bauarbeiten zum ersten Mal von der B96 in Richtung Sagard einbog. Angeblich sollen die Überreste des früheren Straßenbelags hier irgendwann verschwinden und gegen etwas Reifenfreundlicheres ausgetauscht werden – ich persönlich vermute dahinter allerdings eher einen schlauen Trick der Gemeinde, um Durchreisende diskret auf die historische Bausubstanz, die Brunnenaue und das originalgetreu ausgebesserte Kopfsteinpflaster im Ortskern hinzuweisen. Denn auch wenn man es Sagard wegen der DDR-Plattenbauten am Straßenrand zunächst nicht zutraut: Es ist der älteste Kurort Rügens.

Nach den Katzenköpfen von Sagard befindet man sich nun endlich auf der L30, die ab jetzt ohne Umschweife bis nach Wittow führt. Durch das zauberhafte Dorf Bobbin mit seiner Feldsteinkirche auf dem Hügel und einem inzwischen längst abgesägten Bäumchen, das früher zur Freude der Vorüberfahrenden keck aus dem Strohdach eines geduckten Fachwerkhauses wuchs.

Vor Kurzem wurde am Rande Bobbins ein Urzeiterlebnispark eröffnet, in dem mehr als einhundert lebensgroße Saurierfiguren zu besichtigen sind. Das Einzige, was ich von diesen Dinos wirklich zu gern gesehen hätte, war, wie 2008 all diese Riesenexponate gemeinsam auf einem einzigen Tiefladerkonvoi von Niedersachsen bis nach Jasmund transportiert wurden.

Unmittelbar hinter den Imitaten der ausgestorbenen Echsen kommt links wie eh und je Schloss Spyker in Sicht, das nun wirklich ein Schloss ist, denn nach dem Geschlecht derer von Jasmund fiel es 1649 an den berühmten schwedischen Feldherrn Carl Gustav Wrangel, Graf zu Salmis, der später auch hier auf seinem Rügener Gut starb.

Der viertürmige rote Renaissancebau liegt am Großen Jasmunder Bodden ein wenig verwunschen hinter Bäumen und Büschen und sah genau so aus, wie ich mir den Ort vorstellte, an dem Dornröschen an ihrem fünfzehnten Geburtstag schicksalhaft der bösen Fee in die Arme läuft. Folgerichtig hieß Spyker für mich »Dornröschenschloss« und gehörte zusammen mit der Ostertanne zu den Highlights auf dem Weg nach Hause.

Von der Kurve am Dornröschenschloss waren es zwar immer noch fünfundzwanzig Kilometer bis Dranske oder Wiek, aber hinter Glowe und der lang gestreckten Schaabe hatte man zumindest endlich Wittow erreicht.

Glowe ist ein Straßendorf, das mich heute mit seiner maritimen Niedlichkeit immer etwas überrascht. Früher habe ich das nie bemerkt.

Gleich am Ortseingang befand sich die Sendeanlage des Rügen Radio, von wo aber nie Musik zu hören war, was mich wunderte, bis mir als Heranwachsende irgendwann klar wurde, dass es sich beim Rügen Radio überhaupt nicht um ein Unterhaltungsradio handelte, sondern um die Küstenfunkstelle der Insel.

In meiner Kindheit lag im Wald der Schaabe am Ende von Glowe ein riesiger Zeltplatz, der vermutlich verantwortlich war für den im Osten gängigen Spruch »Jeder Doofe fährt nach Glowe«.

Den Zeltplatz gibt es heute nicht mehr, aber die Ostseeperle ist noch da.

Die Ostseeperle ist ein Glasbau mit einem auffällig geschwungenen, selbsttragenden Dach aus gebogenen Stahlmatten und Beton, der entfernt an eine geöffnete Muschel erinnert. Konstruiert hat das Gebäude 1968 der weltberühmte Rügener Bauingenieur Ulrich Müther, der ganz dem Spannbeton verfallen war und so viele sehr eigenartige, schrecklich eckige Bauwerke (nicht nur) in der DDR geschaffen hat – aber auch einige schöne. Die Ostseeperle liegt irgendwo dazwischen.

Ich bin zugegebenermaßen kein großer Fan moderner Architektur. Doch ein Werk von Ulrich Müther finde ich wirklich hinreißend: die Rettungsstation in Binz. Sie sieht aus wie ein rührendes kleines Ufo nach einer glimpflichen Bruchlandung, das jetzt etwas unentschlossen auf einem Bein am Strand herumsteht und wartet, bis es von seinen Geschwistern wieder abgeholt wird.

In der deutlich bodenständigeren Müther-Konstruktion von Glowe befand sich zu DDR-Zeiten eine stets überfüllte Konsumgaststätte, in der die FDGB-Urlauber verköstigt wurden, nachdem sie stundenlang Schlange gestanden hatten. Von der Straße aus waren die Wartenden immer gut zu sehen.

Die Ostseeperle wurde kürzlich saniert und als Restaurant

wieder in Betrieb genommen. Ich war noch nicht drin, aber ich könnte mir vorstellen, dass es sehr nett ist, dort morgens mit freiem Blick auf die Bucht zu frühstücken. Oder die Dämmerung über der Tromper Wiek zu beobachten.

Von Glowe ging es über die Schaabe weiter nach Juliusruh und Altenkirchen, wo der Bus eine Schleife fuhr. Ab Altenkirchen waren wir dann auf dem Schlussspurt: auf der L30 weiter geradeaus nach Wiek oder rechts ab in Richtung Dranske, vorbei an Salzwiesen und Pferdekoppeln bis zum Schifferkrug in Kuhle, der ältesten Kneipe Rügens, wo sich die Fischer seit stolzen 555 Jahren ihren Köm hinter die Binde gießen.

Spätestens in Kuhle weckte mich meine Mutter, denn selbstverständlich war ich inzwischen längst tief eingeschlafen.

Durch die Apfelbaumallee vor Dranske blinzelten die Wasser des Boddens. Ich rieb mir den Schlaf aus den Augen und blinzelte zurück.

Der stets überfüllte Bus hatte sich zu diesem Zeitpunkt bereits stark geleert. An der letzten Haltestelle stiegen auch wir aus.

Die Ufer meiner Kindheit.
Dranske und der Bug

Im Sommer 2009 fand meine Mutter einen Brief der Deutschen Rentenversicherung in der Post. Man bat um genaue Angaben zur beruflichen Tätigkeit vom 01.08.1973 bis 31.08.1973.

»Da hab ich noch studiert«, sagte meine Mutter im Brustton der Überzeugung. »Das wissen die doch!«

Ich schaute auf das Datum und überlegte. »Wahrscheinlich ist das die Zeit, als du gerade fertig warst und mich von Oma zu dir geholt hast.«

Wir sahen beide wieder auf den Brief. August 1973.

»Nein. Das kann gar nicht sein. Da warst du ja noch nicht mal zwei!«

Das konnte tatsächlich nicht sein. Ich erinnere mich zwar selbst nur dunkel daran, aber ich weiß aus den Familiengeschichten, dass ich die ersten drei Jahre meines Lebens bei meiner Großmutter in Stralsund verbrachte. Meine Mutter studierte damals noch im Süden der DDR. Sie war erst neunzehn Jahre alt, als ich zur Welt kam, und noch mitten in der Ausbildung. Eine Möglichkeit der Unterbringung für einen Säugling gab es damals nicht an der pädagogischen Fachschule in Hohenprießnitz, einem wirklich kleinen, abgelegenen Ort in Sachsen zwischen Zschepplin und Oberglaucha.

Die Zeit bei Oma stand unverrückbar ins Lebensbuch unserer Familie geschrieben. Alles wurde danach ausgerechnet. Meine Großmutter sprach darüber genauso selbstverständlich wie meine Mutter und später ich selbst. Geboren im September 1971, ab November wegen einer Lungengeschichte monatelang im Krankenhaus, danach bis drei bei Oma und dann erst bei Mama.

Für meine Mutter ist diese frühe und lange Trennung zwischen uns bis heute traumatisch. Dabei war ich gut aufgehoben in Stralsund. Meine Großmutter kümmerte sich ebenso liebevoll um mich wie die Schwestern in der Kinderkrippe, wo ich die Woche über versorgt wurde. Aber es war eben nur die zweitbeste Lösung. Die richtigen Eltern kann so was nicht ersetzen, sagt meine Mutter. Ich weiß, sie denkt insgeheim, das ist der Grund, warum ich mich bis heute nicht fest gebunden habe, und hat deswegen ein schlechtes Gewissen.

Mehrere Versuche im Kopfrechnen verwirrten uns noch mehr. Es kam immer wieder dasselbe dabei heraus: dass meine Mutter 1973 mit dem Studium fertig gewesen war. Nicht erst 1974. Aber das war absurd. Es brachte alle Gewissheiten durcheinander, die unsere Familienlegende von jeher stützten.

Seufzend kramte meine Mutter also ihr altes Sozialversicherungsbuch hervor, in dem solche Dinge amtlich vermerkt wurden, und schmiss es aus einem Meter Entfernung auf den Tisch. Ich griff danach und sah hinein. Ende September 1971 hätte der Eintrag meiner Geburt sein müssen. Da war aber keiner.

Beleidigt, wie es nur Kinder sein können, die sich übergangen fühlen, jaulte ich: »Ich steh ja gar nicht drin, Mama!«

Meine Mutter entriss mir das Heft, warf einen oberflächlichen Blick hinein und sagte: »So ein Quatsch. Da bist du doch.« Sie tippte auf einen Eintrag.

»Bezirkskrankenhaus Stralsund, Aufnahme- und Entlassungsabteilung: 09. 06. 1969«, las ich neben ihrem Finger und erstarrte. 1969. Jetzt stimmte gar nichts mehr. War ich in Wahrheit etwa schon 40?!?

Nervös blätterte ich weiter. Auf der letzten Seite unter »besondere Vermerke« gab es endlich Spuren von mir: »Mütterkarte Nr. 249 665, ausgegeben am 1. 4. 1971 in Eilenburg. Otto-Nuschke-Straße 5.« Und: »Staatliche Geburtenhilfe für das 1. Kind am 05. 10. 1971 gezahlt.« Stempel. Unterschrift. Also doch 1971! Wenigstens diese Tatsache blieb mir.

Denn alles andere musste nach dem verhängnisvollen Brief der Rentenversicherung neu gedacht, geordnet und verstanden werden, die ganze Geschichte von Anfang bis Ende. Es gab keinen Zweifel.

»Arbeitsverhältnis Kinderkurheim Wiek auf Rügen ab 01. 09. 1973«, stand in dem kleinen grünen SV-Buch meiner Mutter. Schwarz auf erbsengelb.

Das bedeutete, ich war tatsächlich erst ein Jahr und zehn Monate alt und längst nicht drei, als wir gemeinsam auf die Insel Rügen zogen. Die Ehe meiner leiblichen Eltern hatte in den Neubauten von Dranske ein ganzes Jahr länger gedauert. Ich hatte nicht mit vier, sondern schon mit drei angefangen zu sprechen. Und dass ich mich so schwertat mit dem Heiraten, war doch meine eigene Schuld.

SV-Hefte sollte man verbrennen.

Der Zeitzeuge ist der Feind des Historikers, heißt es. Das kann sein. Der Feind des Zeitzeugen jedenfalls ist die Deutsche Rentenversicherung Bund.

700 Jahre lang war Dranske ein einfaches, unbescholtenes Dorf mit kaum hundert Einwohnern, das von Fischfang, Ackerwirtschaft und später einem bescheidenen Seebadbetrieb lebte.

Als wir zu meinem Vater nach Dranske zogen, ob nun 1973 oder 1974, war davon nichts mehr zu sehen oder zu spüren. Der Ort hatte sich damals bereits in das seltsam seelenlose NVA-Getto verwandelt, als das er noch jahrzehntelang zwischen Bodden und Meer kleben sollte.

Zu verdanken hat er dieses Schicksal dem Bug, den es selbst jedoch nicht weniger hart traf. Seit der Kaiser 1916 auf der schmalen Landzunge hinter Dranske einen Seefliegerhorst errichten ließ, war die Gegend fest in Händen des Militärs.

Alle haben sie hier ihre Machtfantasien ausgelebt. Auf Kosten des Dorfes, der Menschen und der Landschaft.

Während der Kaiser die für seine Flieger benötigten Wohnbaracken auf der gegenüberliegenden Boddenseite in Wiek hatte errichten lassen (das spätere Kinderkurheim), gingen die Planer des »Dritten Reiches« mit der ihnen eigenen abgeklärten Rücksichtslosigkeit ans Werk: Weil sie das Gelände für den Bau moderner Wohnungen nutzen wollten, rissen sie das uralte Dorf vor dem Bug und die Siedlung darauf einfach ab. Genauer gesagt, es wurde gesprengt. Irgendwo mussten die Offiziere des Seeaufklärungsgeschwaders und der Flugbootstaffel zur Seenotrettung schließlich schlafen ...

Mit dem ursprünglichen Dranske verschwanden auch seine Bewohner. Stattdessen lebten von nun an über fünfzig Jahre lang faktisch nur Armeeangehörige an diesem Ort. Erst die der Deutschen Luftwaffe, dann die der DDR-Seestreitkräfte. Heute ist der Spuk vorbei – doch Dranske hat an den Folgen der militärischen Belagerung noch immer schwer zu tragen.

44

Als Hitlers Mietskasernen Mitte der Sechzigerjahre für die Offiziersfamilien der frisch gegründeten 6. Flottille der Volksmarine zu klein wurden, ließ die NVA in Dranske kurzerhand eine Plattenbausiedlung hochziehen.

Dort wurden auch meine Eltern und ich einquartiert. Unser Neubaugebiet bestand zu diesem Zeitpunkt aus exakt acht Fünfgeschossern mit jeweils sieben Aufgängen. Wie zum Appell angetreten standen die farblosen Kästen in Reih und Glied direkt am Meer. In einer der schönsten Landschaften Rügens. Der schönsten von allen, wie ich finde, aber ich bin in dieser Frage natürlich herkunftsbedingt befangen.

Von den beiden vorderen Blocks aus hatte man freie Sicht auf die See. Von den anderen blickte man in den Rücken der Nachbarhäuser. Wir hatten Glück, uns wurde eine Dreizimmerwohnung mit Bad und Balkon in der ersten Reihe zugewiesen. Ganz nah gegenüber lag der Dornbusch von Hiddensee mit seinem Leuchtturm obendrauf, und an klaren Tagen konnte man bis Dänemark sehen. Die Insel Møn lag nur fünfundfünfzig Kilometer von der Westküste Wittows und unserem Balkon entfernt, aber es war ein Abstand, den wir damals anders maßen. Die Gedanken sind frei, wir waren es nicht. Eingesperrt auf dem offenen Meer.

Unsere Straße trug den Namen Paul-Eisenschneider. Wer immer Paul Eisenschneider war. Die anderen Blocks hießen Hans-Beimler, Albin-Köbis, Rudolf-Egelhofer, Doktor-Richard-Sorge, Max-Reichpietsch. Es ist durchaus möglich, dass hier nicht vordergründig die historischen Persönlichkeiten Namenspate standen, sondern ein Teil der auf dem Bug stationierten Raketenschnellboote. Die hießen nämlich genauso.

Bis 1989 kam in mehreren Schüben noch ein gutes Dutzend weiterer Platten dazu. Der preußisch rechte Winkel wurde beim Anlegen der Wohngebietserweiterungen allerdings zunehmend vernachlässigt, was heute, da ein Großteil der Neubauten wieder verschwunden ist, die Relikte am Rand aussehen lässt wie einen verängstigt zusammengekauerten Haufen bedrängter Schafe. Ganz grundlos ist die Panik nicht. Denn auch wenn die wenigsten es bisher öffentlich aussprechen, ist es nur eine Frage der Zeit, bis in Dranske die letzte Platte fällt und den Eigenheimen wohlhabender Rügenliebhaber weicht. Die Anfänge zurück zu einer solchen dörflichen Wohnbebauung sind bereits gemacht. Wo ich mir als Kind auf den Betonwegen zwischen den Neubaublocks die Knie aufschlug, stehen heute Einfamilienhäuser mit Garten.

Obwohl der Unterhalt der mittlerweile sanierungsbedürftigen Wohnblocks die Gemeinde finanziell völlig überfordert, geht es beim Rückbau nicht nur um Geld und Vergangenheitsbewältigung. Das Hauptargument ist der Leerstand. Ohne die Armee braucht kein Mensch in Dranske eine Großwohnsiedlung – weil es ohne die Armee hier so gut wie keine Arbeit gibt.

Hitler und Honecker haben es eingebrockt, auslöffeln muss es die Gemeinde. Deren Bevölkerungsgröße, die einzig am Militär hing, hat im vergangenen Jahrhundert eine Entwicklung genommen wie an keinem anderen mir bekannten Ort.

In einem Reiseführer von 1932 ist die Zahl der Einwohner von Dranske mit 80 angegeben. Als ich dort lebte, waren es schon knapp 2000. Bis zur Wende kamen noch einmal so viel dazu, sodass am Ende 4000 Menschen dort lebten. Das bedeutet, Dranskes Einwohnerzahl ist in weniger als sechzig Jahren um 4900 Prozent gestiegen. Demografie ist nicht mein Fachgebiet, aber ich könnte mir vorstellen, dass wir es hier mit einem Rekord zu tun haben. Zumal das nicht das Ende vom Lied ist. Denn nach dem Abzug der Marine ist die Einwohnerzahl mittlerweile wieder auf 1200 geschrumpft. Tendenz deutlich fallend. Nicht viele Gemeinden halten so starke Schwankungen in so kurzer Zeit aus. Auch Dranske kämpft damit.

Mein Leben in diesem bizarren Universum aus Plattenbau und Ostseeromantik ist ein Raum der Legenden. Dafür, dass ich schon fünf Jahre alt war, als wir weggingen, kann ich mich an erstaunlich wenig aus unserem Familienalltag konkret erinnern. Man könnte sagen, diese Zeit ist mir eher assoziativ wie ein Gedicht im Gedächtnis geblieben, nicht fest umrissen wie ein Roman. Ich sehe viele einzelne Bilder und Filmausschnitte, einige vage, andere scharf, Landschaften, Farben, Situationen. Wie es typisch ist für Kleinkinder, haben sich mir vor allem sinnliche Wahrnehmungen von damals eingeprägt.

Ich sehe nachts von meinem Bett aus an den Fenstern der gegenüberliegenden Blocks grüne, blaue und lila Neonröhren, die in den Siebzigern Mode waren und einen fahlen, ungesunden Schein ins Dunkel warfen. Ich rieche das muffig kühle Treppenhaus unseres Aufgangs, auf dessen glatten Steintreppen ich oft gestürzt bin. Ich schmecke die dicken, fruchtigen Hagebutten, denen ich nie widerstehen konnte und die ich im Vorbeigehen pflückte, aufbrach, mit dem Finger entkernte und in den Mund steckte. Ich spüre den Schmerz in der empfindlichen Wölbung zwischen Ballen und Ferse meines nackten Fußes beim Laufen über das Feuersteingeröll am Strand.

Und ich höre die Stimme von Manfred Krug.

Meine Mutter liebt seine Musik. Ich liebte sie mit ihr. Die

Platten von Manne Krug liefen bei uns rauf und runter. Noch heute sehe ich meine Mutter vor mir, wie sie im Wohnzimmer ausgelassen dazu um den Couchtisch tänzelt, sich vorbeugt und mir einladend ihre Hände entgegenstreckt. Hinter ihrem im Takt wackelnden Hintern das vom überdachten Balkon gedämpfte Tageslicht über dem leuchtenden Meer. Sie trägt eine Leopardenmusterbluse und einen braunen Veloursgürtel mit Goldschnalle.

Wenn ich gefragt werde, was ich aus der DDR vermisse, antworte ich stets wahrheitsgemäß: Nichts. Denn was ich äußerst ungern zurückgelassen hätte, habe ich noch: meine Familie, meine Freunde und meine Geschichten. In Wirklichkeit lasse ich dabei eigentlich Manne Krugs großartige Jazzschallplatten unter den Tisch fallen, deren Texte er alle selbst geschrieben hat und die so voller Ironie, Wehmut und Poesie sind, dass ich bis heute nicht auf sie verzichten möchte. Seit sie Mitte der Neunzigerjahre platzsparend auf zwei CDs erschienen sind, habe ich sie schon überall hingeschleppt. Sie sind mit mir zusammen fast bis zum Südpol gereist und gehören selbstverständlich in mein Auto-Equipment. Vielleicht sind sie das Einzige, was ich wissentlich aus meiner Kindheit in Dranske in mein späteres Leben mitgenommen habe. Krug hat in der DDR einige Platten aufgenommen, aber die, an denen mein Herz so hängt, sind die vier berühmten, die er zwischen 1971 und 1976 zusammen mit seinem engen Freund Günther Fischer gemacht hat, der ihn zum Dank dafür jahrelang an die Stasi verriet. Auch noch, als Manfred Krug längst im Westen lebte und ihm aus Verbundenheit regelmäßig harte D-Mark zusteckte. »Kleines Mozartarschloch« nannte ihn Krug dafür nach der Wende öffentlich in einem Brief. Ich finde, da ist er sehr höflich geblieben.

Die Stasi war in Dranske kein Thema. An einem Ort, der fast ausschließlich von Angehörigen der NVA bewohnt war, wurde über so etwas selbstverständlich nicht gesprochen. Noch weniger über die zahllosen Formen ziviler Überwachung, die den Alltag solcher Wohngebiete bestimmten.

Dass die Jahre in der Erinnerung meiner Mutter dermaßen durcheinandergeraten konnten, ist sicher kein Zufall. Im Unterschied zu mir war die Zeit in Dranske für sie keine schöne. Vielleicht hätte es ihr leichter werden können, wenn sie andere Erwartungen daran geknüpft hätte. Aber sie war damals noch eine sehr junge Frau, und mit Anfang zwanzig sind die meisten Dinge größer: der Enthusiasmus, die Träume und auch die Enttäuschung.

Meine Mutter war enttäuscht.

Sie stammt vom Fischland, einer südwestlich von Rügen gelegenen, nehrungsartigen Halbinsel, die mit dem Darß verbunden ist. Das Ostseebad Wustrow, aus dem sie kommt, liegt genau wie Dranske zur einen Seite am Bodden mit seinem matschigen Grund und seinen schaumig-trüben Mischwassern und zur anderen an der offenen See. Wie in Dranske beginnt auch in Wustrow rechter Hand die Steilküste. Doch abgesehen von der Lage war das pittoreske Wustrow mit Dranske nicht zu vergleichen. Auf einer Landschaftsbildanalyse des Umweltministeriums von Mecklenburg-Vorpommern aus dem Jahr 1994 sind Einschätzungen zu lesen, die keinen Zweifel daran lassen, wie unverhältnismäßig Dranske bis dahin die Umgebung verschandelte. Die Siedlung sei vollkommen verbaut, störend, unästhetisch.

Meine Mutter hatte sich trotzdem sehr darauf gefreut, nach dem Studium endlich wieder an die Ufer der See zu ziehen, an der sie aufgewachsen war. Sie hoffte auf glückliches Familienleben und Geselligkeit. Auf die Natur und den Wind.

Nicht alles erfüllte sich.

Wie die anderen Dransker Väter arbeitete auch meiner auf dem Bug. Wie sie fuhr auch er morgens in seiner dunkelblauen Uniform auf dem Fahrrad davon und kam abends wieder. Was dazwischen geschah, wussten nur die jungen Offiziere selbst.

Für Zivilisten, also auch die Familienangehörigen, war der Bug mitsamt seinen Stränden Sperrgebiet. Neben den engen Blocks des Wohnviertels und den noch engeren Stirnen der Nachbarn lud auch dieser Umstand meine lebenslustige Mutter nicht gerade dazu ein, sich in Dranske frei zu fühlen.

Ich habe das Zugangsverbot zum Bug nicht schmerzlich empfunden, für mich hatte es als Kind eher etwas Geheimnisvolles, doch in Erinnerung geblieben ist das abweisende Zauntor am Ende des Weges auch mir. An dieser Stelle ist der Bug ganz schmal, nur ein paar Meter trennen Bodden und Meer. Alles steht voller Sanddorn, Heckenrosen und Holunder, der hier Flieder genannt wird. Hiddensee ist zum Greifen nah.

Ich habe in den letzten Jahren am Bug manchmal noch Holunderblüten gepflückt, wenn sie in Berlin schon längst verblüht waren. Die Natur ist auf Rügen wegen des nördlichen Klimas immer etwas später dran – was sich als sehr praktisch erwiesen hat für meine Erdbeer-Rhabarber-Holunderblüten-Marmelade.

Wittow, speziell die Gegend um Dranske, ist so stürmisch, dass dort seit einigen Jahren regelmäßig große internationale Surfcups ausgetragen werden.

Es bläst auf Wittow eigentlich ständig überall. Der Wind kommt von der See im Norden, Osten und Westen her und vom Bodden, der die Halbinsel im Süden stark ausbuchtet. »Das Windland« wird Wittow deshalb genannt. Mindestens die Hälfte von Beauforts wunderbarer Windskala ist hier Alltag. Abgesehen von den ersten zwei, drei Stufen vielleicht, bei denen sich kaum etwas regt.

Der Wind ist auch meine lebhafteste Erinnerung. Er war so kräftig in Dranske, dass die Wäsche, die zum Trocknen zwischen den Neubaublocks flatterte, meistens nicht an der Leine hing, sondern stand. Und zwar waagerecht im Sturm wie ein Windsack. Stundenlang. Mir machte vor allem das Wäscheabnehmen großen Spaß, denn meine Mutter musste fast jedes Mal einen Sprint einlegen, um fluchend irgendeinem Taschentuch oder einer Nylonbluse, die sich beim Lösen der Wäscheklammern losgerissen hatten, über das Gelände hinterherzuturnen wie auf Hasenjagd. Nur dass die kleinen Stoffstücke in den Ostseeböen viel flinker waren als so manches Langohr.

Ab und zu fiel schon mal Möwenschiet auf die frisch gewaschenen Sachen, aber davon sagt man auf Rügen, dass es Glück bringt. Selbst wenn es ausgerechnet das teure Seidenkleid erwischt.

Da zumindest kamen Dranske und meine Mutter sehr gut zusammen, denn wenn sie einen Spleen hat, dann betrifft er im Freien aufgehängte Wäsche. Das geht so weit, dass sie im Urlaub beim Zelten, sobald der richtige Platz gefunden ist, als Erstes ihre Wäscheleine von Baum zu Baum spannt. Mein zweiter Vater steht dann jedes Mal mit den Heringen in der Hand wartend herum und brummt unzufrieden, weil er natürlich lieber das Zelt aufstellen möchte. Aber in diesem Punkt ist meine

Mutter unnachgiebig. »Wäsche im Wind ist Heimat und Freiheit auf einmal«, sagt sie.

So gesehen hätte ihr eigentlich gleich von Anfang an klar sein müssen, dass das mit Dranske nichts werden konnte. Denn zwischen den Blocks standen zwar Wäschestangen mit metallenen Schlaufen, aber sie waren leer. Es gab keine Wäscheleine für die Hausgemeinschaft, sondern jeder hatte seine eigene. Man brachte sie zum Trocknen mit hinunter und nahm sie hinterher auch wieder mit hoch.

Wie die Wäscheleinen verschwanden auch die Bewohner der großen Militärsiedlung abends in ihren Wohnungen. Geselligkeiten gab es nicht viele. Keine Grillfeste auf den weiten Höfen, keine Kaffeekränzchen am Spielplatzrand. Manchmal lud man sich gegenseitig ein, aber eigentlich blieb jeder für sich. Es war ohnehin überall ähnlich: die gleichen Wohnungen, die gleichen Schrankwände, das gleiche Geschirr. Die Schuhe wurden vor der Tür aus- und die blickdichten Gardinen innen zugezogen.

Die einzige nennenswerte Ausgehmöglichkeit des Ortes war das »Haus der NVA« am Bodden, wo neben dem Kneipenbetrieb zuweilen auch mal ein Film gezeigt oder ein Tanzabend veranstaltet wurde. Die Situation von Dranske legt es nahe: Im »Haus der NVA« trafen sich Angehörige der NVA und ihre Frauen mit Nachbarn oder Bekannten, die ebenfalls Angehörige der NVA oder deren Ehefrauen waren. Die Männer standen alle in irgendeinem militärhierarchischen Verhältnis zueinander, ihre Ehefrauen mussten darauf Rücksicht nehmen.

Dranske war ebenso abgelegen wie abgeschottet. Es ist schwerlich vorstellbar, wie ein solcher Ort irgendeine Form von entspanntem Privatleben in der Öffentlichkeit zulassen soll.

Meine Mutter sagt wahrscheinlich nicht zu Unrecht, dass sie die starke Sozialkontrolle der Diktatur niemals so ausgeprägt erlebt hat wie in Dranske. Kein Schritt, kein Wort, kein Brief, ohne dass es jemand bemerkte. Das fröhliche Leben, das sie von ihren Freunden aus Berlin kannte, fehlte ihr sehr.

Weil meine Mutter mit Dranske nicht warm wurde oder Dranske nicht mit ihr, floh sie, sooft es ging, in die Natur. Wir waren ständig draußen, zu jeder Jahreszeit, meistens am Wasser. Allerdings nur an der Ostsee. Den Bodden mied meine Mutter damals genauso wie ich heute. Es ist nichts Persönliches, nur eine Vorliebe für unendlichen Horizont.

Als ich noch sehr klein war, setzte mich Mama, wenn es ans Meer ging, in einen kleinen Handwagen aus Holz, den sie mit einer Decke ausgepolstert hatte. Im Ort war sie deshalb verschrien, aber ich liebte meinen Wagen. Es ruckelte wie verrückt auf den Holperwegen, doch ich saß ganz gerade, die Füße in hellblauen Gummistiefeln, und hielt mich mit beiden Händen links und rechts an den Seitengittern fest. Wenn wir weiter weg fuhren, nach Nonnevitz oder Bakenberg, hob sie mich in einen Kinderkorbsitz vor ihrem Lenkrad. Als ich größer war, ließ sie stattdessen einen kleinen Extrasattel mit ausklappbaren Fußstützen am Gestänge des Rahmens für mich anbringen. Meine Großmutter hatte an ihrem Fahrrad in Stralsund auch so einen.

Mit dem Fahrrad fuhren wir im Spätsommer zum Brombeerpflücken an die Steilküste oder zum Pilzesammeln auf die Felder. Es gab Wiesenchampignons, Schopftintlinge und Schirmpilze. Im Herbst kam der violette Ritterling dazu.

Mit diesem Pilz, der leicht für giftig gehalten werden kann, hat meine Mutter Jahrzehnte später mal Unruhe in einen halben schwedischen Zeltplatz gebracht. Als die Leute sahen, wie sie am Abend vor ihrer Hütte einen ganzen Korb voller tief lila Lamellenpilze putzte, versuchten sie ihr aufgeregt zu erklären, dass das lebensgefährlich sei. Meine Mutter lachte und machte mit beiden Händen eine Geste, um zu zeigen, wie gut die Ritterlinge schmeckten, erntete aber nur blankes Entsetzen.

Das Auftauchen meiner Eltern in unversehrtem Zustand bedachten die anderen am nächsten Morgen mit spontanem Beifall. Am Abend wurden die Ritterlinge redlich mit allen geteilt. Die Schweden waren begeistert. Vad gott det var!

Auf dem Südbug muss es schon seit fast hundert Jahren Pilze in rauen Mengen geben. In den aktiven Armeephasen des Bugs konnte man sie nicht sammeln, weil keiner unbefugt in das Speergebiet durfte. Heute kann man sie nicht sammeln, weil keiner unbefugt ins Naturschutzgebiet darf. Denn nach der gescheiterten Militärkarriere setzen Dranske und der Bug nun ganz auf ihre eigentliche Stärke: die wunderschöne Landschaft.

Meine Großmutter behauptete zu DDR-Zeiten gerne: »Ich hab den Kaiser abdanken und Hitler fallen sehen. Und auch dieses Reich wird untergehen.« Abgesehen davon, dass meine Oma, Jahrgang 1925, als Kind der Weimarer Republik den Kaiser selbstverständlich nie gesehen hat, weder abdanken noch sonst wie, behielt sie recht.

Der Bug aber hat tatsächlich drei Reiche überlebt. Im wahrsten Sinne des Wortes. Am Ende hat die Natur über das Militär, ihren wesenseigenen Feind, wuchernd triumphiert. Macht und Poesie der Schöpfung.

Wenn man die Postlinie Stralsund–Ystad – die auf dem Bug einen Zwischenhalt einlegte, was 1658 den Bau eines kleinen

Posthauses nach sich zog – nicht mitrechnet, hatte der Bug vor der Welt immer weitgehend seine Ruhe. Die Ereignisse gerieten erst Mitte des 19. Jahrhunderts in Bewegung. Zum Posthafen kam eine Wetterbeobachtungsstation, dann eine Telegrafenstation, es wurde Wald angelegt, ein Forsthaus gebaut und ein Lotsenbetrieb eingerichtet.

Als 1914 der deutsche Kaiser auf dem Bug seine Seeflieger stationierte, war es mit der Idylle vorbei. Nach dem verlorenen Ersten Weltkrieg wurde das Militär zurückgefahren und auf dem Bug eine zivile Flugstation mit Verkehrsfliegern betrieben. Als seine Zeit gekommen war, rüstete Hitler hier nicht ganz zwanzig Jahre später wieder auf. Die Reste der ehemaligen Luftwaffenbasis wurden nach dem Zweiten Weltkrieg zunächst beseitigt, die Gebäude auseinandergenommen und die 500 Meter lange, 300 Meter breite Landebahn von 17 000 kleinen Sprenglöchern perforiert, in die man 17 000 kleine Pappeln pflanzte. Das war unkomplizierter, als den ganzen Beton und das Bitumen abzutragen.

Nach Gründung der Volksmarine kehrte das Militär 1963 ein drittes Mal zurück auf die Landzunge. Wieder wurde neu gebaut, diesmal für die Bedürfnisse einer Schnellbootflottille. Das meiste davon steht inzwischen auch nicht mehr.

Heute gehört der Bug zum Nationalpark Vorpommersche Boddenlandschaft, dessen Reichweite, genau wie die der anderen dreizehn Großschutzgebiete der DDR, am 12.09.1990 kurz vor Zapfenstreich noch festgelegt wurde.

Umwelt- oder Landschaftsschutz hat die DDR-Oberen nie interessiert. Umso gerechter war es, dass der letzte Regierungsbeschluss in der letzten Sitzung des letzten Ministerrats der DDR dem zukünftigen Erhalt ebenjener Natur galt.

Überall darf man natürlich nicht hin, doch ein Teil des Südbugs kann bei einer geführten Wanderung besichtigt werden. Es ist ein schöner, langer, mückenreicher Spaziergang zwischen Bodden und See. Die Nachkriegspappeln sind inzwischen meterhoch und neigen sich nun, mit über achtzig, langsam ihrem Lebensende zu. Nachgepflanzt werden muss nicht mehr, dafür sorgt die Natur seit Langem selbst. Mit etwas Glück kann man Seeadler beobachten.

Die Männer, die über das Gelände leiten und den Besuchern erklären, was es Interessantes zwischen Strandsimsenröhricht und Sandregenpfeifer zu wissen gilt, haben hier alle einst als Offiziere gedient. Manchen hört man deutlich an, dass sie es gewohnt waren, Befehle zu geben, denen widerspruchslos Folge geleistet wird. Sie sind höflich, doch es ist etwas in ihrer Stimme, in der Art, wie sie sprechen. In den Formulierungen, die sie wählen. Es können noch so viel Umweltengagement, Kompetenz und vergangene Zeit dahinterstehen, die alte Staatsmacht klingt doch mit. Ich habe nicht gefragt, aber ich bin sicher, Zweifel an der Diktatur des Proletariats und dem eigenen Tun würden mit einem »Es war für die Sache« abgetan. Das Argument jedes Soldaten.

Meine Mutter nahm von Dranske aus zu ihrer Arbeit im Kinderkurheim von Wiek, wo ich auch in den Kindergarten ging, stets den Bus. Er fuhr zu jeder Jahreszeit und Wetterlage. Im Winter war der Schnee von den Feldern oft meterhoch über die schmale Straße geweht, sodass es manchmal unmöglich schien, voranzukommen. Doch die furchtlosen Busfahrer schafften es immer, ihre Ikarusse durch die Unwetter zu bringen.

Nur einmal fiel alles aus. Unerwartet war ein heftiger Schneeregen aufgezogen, der innerhalb kürzester Zeit überfror, was zur Folge hatte, dass der Straßenverkehr komplett zum Erliegen kam. Von einer halben Stunde auf die nächste ging nichts mehr. Kein Bus, kein Auto, kein Traktor. Fähren über den Bodden gab es wegen der militärischen Geheimnisse auf dem Bug ohnehin nicht.

Trotzdem musste meine Mutter mit mir im Schlepptau zum Dienst nach Wiek. Die preußische Erfüllungspflicht steckte ihr zu tief in den Knochen, als dass sie von der Bushaltestelle einfach wieder nach Hause gegangen wäre. Die einzige Möglichkeit war der sieben Kilometer lange Fußweg.

Ich frage mich heute noch, wie genau sie sich das damals mit einer Vierjährigen an der Hand eigentlich vorgestellt hat.

Die Straße war spiegelglatt und menschenleer. Wir mussten uns die Socken ausziehen und sie über die Schuhe stülpen, um nicht bei jedem Schritt zu fallen. Zentimeterweise balancierten wir so über den gefrorenen Boden, als unerwartet Rettung in Form eines gedämpft rumpelnden Lastwagens nahte. Der Winterdienst.

Der Mann am Steuer des Streufahrzeugs sah uns schon von Weitem die einsame Allee entlangschlittern. Einen kleinen und einen großen schwankenden Punkt, die nirgendwo ankommen und, wenn keiner half, im nächsten Straßengraben erfrieren würden. Gegen die Vorschrift hielt er und nahm uns mit nach Wiek.

Ich kann mich genau an die Wärme in der schmalen Fahrerkabine des Lasters erinnern, an den Geruch nach in den Polstern festsitzendem Zigarettenrauch und an das große Lenkrad, das wie bei den Busfahrern weit über die Oberschenkel fast bis zum Bauch des Mannes reichte.

Die aufregende Fahrt auf dem Lkw-Bock fand noch im selben Jahr eine Wiederholung. Was ich nämlich nicht wusste an diesem Wintertag, als meine Mutter sich mit mir im Streufahrzeug erleichtert neben den Fahrer quetschte, war, dass meine Eltern schon in Trennung lebten. Ich war erst vier Jahre alt, und glücklicherweise verzichteten sie darauf, mich in ihre Auseinandersetzungen einzubeziehen oder sie mir zu erläutern. Da ich meinen Vater seiner Arbeit wegen ohnehin selten sah und seine Abwesenheit während der Manöver gewohnt war, fiel mir keine Veränderung im Alltag auf.

Im September hielt vor unserem Block in Dranske ein Möbelwagen, in dem meine Mutter mit mir und ein paar Regalen die Insel Rügen verließ. Es war mein fünfter Geburtstag. Wieder saßen wir hoch oben auf dem Beifahrersitz der engen Kabine.

Der Umzug nach Grünheide bei Berlin war in vielerlei Hinsicht ein entscheidender Einschnitt in meinem Leben, doch zunächst waren die größten Umstellungen für mich die neue Kindergartengruppe und das fehlende Meer. Meinen Vater vermisste ich erst später. Aber da war er schon weit weg, zum Studium in der Sowjetunion.

Als eine Freundin mir kürzlich schrieb, sie habe seit ein paar Wochen furchtbare Ostseesehnsucht, weil diesen Sommer keine Möglichkeit für einen Kurzurlaub gewesen sei, antwortete ich ihr, sie solle mir nicht mit drei Wochen kommen. Ich litte seit fast fünfunddreißig Jahren unter furchtbarer Ostseesehnsucht. Seit wir am 21. September 1976 von der Insel weggezogen sind.

Es ist mit der Zeit immer nur noch schlimmer geworden.

Von Hühnergöttern, Bernsteinaugen und dem Geräusch des Meeres. Wittows Nordküste

Ich besitze drei Fotoalben aus meiner Kindheit. Ein hellblaues, ein dunkelblaues und ein blassgelbes. Meine Mutter hat sich viel Mühe damit gegeben. Sie hat Blumengirlanden hineingemalt und mit einem weißen Fettstift kleine Anmerkungen auf die schwarze Pappe geschrieben. Neben die Fotos hat sie die Glückwunschtelegramme zu meiner Geburt geklebt, ihren Mutterschaftsausweis, Briefe meines Vaters, das rosa Bändchen aus dem Krankenhaus. Später Eintrittskarten vom Zoo, den ich sehr liebte und in dem ich dem Sibirischen Wolf zur Freude aller Anwesenden vor dem Gehege, kaum dass ich sprechen konnte, klipp und klar erklärte: »Meine Oma frisst du nicht, DU! Die ist nicht doof!«

In dem gelben Fotoalbum, dessen durchsichtige Trennseiten eine Struktur aus feinen Radnetzen besitzen, auf denen vereinzelt Spinnen krabbeln und ab und zu sogar eine Fliege zittert, hat meine Mutter unsere Zeit auf Rügen festgehalten. Unter, neben, über den Bildern stehen Sätze wie: »Du bist ein richtiges Ostseekind«, »Mit Fischer Heiner auf der Wiese« oder »Immer wieder geht's zum Strand«. Am Anfang einer großen Doppelseite aus dem Jahr 1974 heißt es: »Am großen Ostseemeer auf Rügen – mit viel Freuden für Dich«.

Wer jetzt Badespaß oder Sandburgen erwartet, wird enttäuscht. Stattdessen sieht man ein kleines Mädchen in Gummistiefeln und Ringelstrickanzug mit Kapuze entschlossen auf dem hohen Steilufer über einem Steinstrand marschieren, den langen Pony ins Gesicht geweht.

Es war kühl und windig an diesem Tag, das kann man auf den kleinen Schwarz-Weiß-Fotos sofort erkennen. Und man sieht auch, dass ich dabei schon mit drei Jahren ganz in meinem Element war.

Jemand sagte mir mal, im Spätsommer, wenn Kornblumen, Mohn und Kamille verblüht sind, finde er Rügen landschaftlich etwas trist. Das hat mich verstört. Auf eine Insel fährt man doch der Küste wegen. Wer üppige Fruchtfolgen will, hat im Münsterland sowieso viel mehr Spaß.

Ich fand Rügen noch nie trist. Nicht mal im grausten Winternebel. Gerade da nicht. Ich liebe das Meer im Winter, wenn es wild weht vom Wasser her und der Strand menschenleer ist. Voller Glück kann ich meine Zeit so am Ufer verbringen. In der Rauheit des Seeklimas fühle ich mich unverwundbar wie nirgends sonst. Die rot gefrorenen Wangen windfrisch, der Himmel tief und mächtig, die Gischt schnaubend in ihrer Unruhe. Die See an einem sonnig klaren Wintertag ist das Schönste, was es gibt. Wenn ich an Strandromantik denke, dann sehe ich keinen Sonnenuntergang im Juli vor mir, sondern ein Paar, verliebt und eng umschlungen, an einem einsamen Meeresufer. Beide in dicken Rollkragenpullovern und Pudelmützen.

Während der Bug von Dranske aus gesehen links liegt, führt der Strand rechts bis zu einer Spitze, hinter der die lange, abwechslungsreiche Küste beginnt: das Nordufer Wittows. Jenes Kliff, das ansteigend und abfallend, abfallend und ansteigend, sandig, lehmig, aktiv, inaktiv über Kreptitz, Bakenberg, Nonnevitz bis Gellort führt und erst dort, am Kap Arkona, endet.

Dort, vor und hinter dieser kleinen Spitze am Anfang, die keinen Namen hat, verbrachte meine Mutter mit mir die meiste Zeit, und dorthin fahre ich bis heute jedes Mal, wenn ich auf Rügen bin. Nicht immer nehme ich dabei den Weg über Dranske, oft fahre ich auf den neu entstandenen Fahrradwegen auch einfach an den Platten vorbei.

Inzwischen sind in der Nähe einige nur ein paar Häuser umfassende Siedlungen entstanden. Manche auf brachem Acker wie Rehbergort, manche in der Nachbarschaft alter Gehöfte, die dort schon immer standen, wie Goos oder Dranske Hof. Die meisten haben ein Reetdach und sind weiß gekalkt.

Auch wenn sie die Einsamkeit, die dort bis vor ein paar Jahren herrschte, langsam aufheben, passen sie optisch wenigstens in die Landschaft. In der übersichtlichen Menge, in der bisher gebaut wurde, stören sie den Gesamteindruck des Gebietes nicht.

Noch nicht. Denn es ist offen, wie lange das so bleiben wird. Die Gegend ist begehrtes Bauland. Wie auch nicht? Mitten in der schönsten Natur, am Meeresstrand, mit freiem Blick auf Hiddensee und Dänemark. Könnte ich es mir leisten, würde auch ich über ein Häuschen an diesem Ort nachdenken.

Als meine Mutter mit mir vor über dreißig Jahren dort täglich spazieren ging, war da nichts außer einer kleinen sowjetischen, wie ein Hochsicherheitstrakt abgesperrten Radarstation am Steilufer, von der man nicht so genau wusste, was hinter dem Zaun geschah. Die wachhabenden Soldaten winkten, wenn sie mich mit Mama an der Hand über die Felder in Richtung Küste stolpern sahen. Ich winkte begeistert zurück, obwohl ich heute nicht mehr so sicher bin, ob der Gruß der freundlichen

Russen wirklich mir oder doch meiner schönen, jungen Mutter galt.

Auf den Wiesen gab es einen kleinen Weiher mit Reihern, Kormoranen und Fröschen, die so laut quakten, als ginge es um ihr Leben. Möglicherweise tat es das sogar, denn ab und zu stakten Störche durchs Gras. Im Frühjahr und im Herbst zogen Kraniche über den Himmel.

Diesen Weiher gibt es immer noch. Und wie früher stürzen sich auch heute am Ufer dahinter manchmal Enten wild in die Unendlichkeit über der See und preschen los in Richtung Horizont, als seien sie Möwen.

Die richtigen Möwen lassen sich von diesen schnatternden Angebern nicht beeindrucken, genauso wenig wie die zierlichen Uferschwalben, die an der Steilküste brüten. Sie bauen Höhlengänge in den lehmigen Sand des Hochufers und haben ihn an manchen Stellen ganz durchlöchert. Hektisch wie Kolibris schwirren sie in Scharen vor diesen Labyrinthen herum und verschwinden mühelos in den schmalen Eingängen. Ein Gewusel wie vor einem Einkaufszentrum.

Auf einem der vielen sonnenwarmen Findlinge am Ufer kann man stundenlang sitzen und ihnen zusehen. Der Wind vertreibt jeden Unmut, und das Meer schäumt dazu geräuschvoll am Strand, der keiner für Touristen ist – dafür ist er viel zu steinig und deshalb, zu meiner nie endenden Freude, oft leer.

Oben wachsen Sanddorn, Heckenrosen, Brombeeren, Holunder, Wildpflaumen, Felsenbirnen, Weißdorn. Birken, Kiefern, Eschen, Ahorn und Silberpappeln haben sich malerisch dem ewigen Sturm gebeugt. Die meisten Bäume hier an der Küste sind Windflüchter.

Nur flachere Büsche müssen sich nicht so stark fügen. Sie bilden ein dichtes Gestrüpp, das mir als Kind hoch und dunkel vorkam, wenn wir auf dem Trampelpfad, der hindurchführte, nach Hause marschierten. Ich erinnere mich gut an die Kühle dieses Weges, von dem ausgetretene, nicht befestigte Strandzugänge über die noch niedrige Steilküste nach unten wiesen und alle paar Meter Licht in den schummrigen Gang warfen.

Wenn ich die Augen schließe, um mich zu entspannen, dann sehe ich immer dieses Ufer vor mir. Mein Ufer. Den Strand meiner Kindheit, an dem die Steilküste Rügens beginnt. Sie ist hier erst zwei, drei, vier Meter hoch, nicht fünfundvierzig Meter wie bei Kap Arkona, das einige Kilometer weiter östlich liegt.

Je weniger Menschen am Strand sind, desto besser kann man der See zuhören. Ihr sanftes Aufschlagen am Ufer, das immer ein kleiner Neuanfang ist. Eine winzige, flüchtige Hoffnung, die jedes Mal im Sand versiegt und doch nicht aufgibt.

Beschreiben kann man nicht, wie dieses Strömen klingt. Ich kann es nicht. Denn ich müsste auf Wörter wie »schmatzen«, »glucksen« oder »rauschen« zurückgreifen. Aber die See ist ja kein feuchter Kuss, kein kichernder Teenager und schon gar kein Störsender. Sie rauscht nicht, sie schmatzt nicht, und sie gluckst nicht. Die See ist die See. Kein Geräusch der Welt ist schöner als das ihrer anbrandenden Wellen. Nur Katzenschnurren kann, was Eleganz, Beruhigung und Glücksgefühl angeht, mit dem Meer konkurrieren – aber sonst nichts. Nicht in meinen Ohren.

Zu DDR-Zeiten war die gesamte Ostseeküste Grenzgebiet. Davon war selbstverständlich auch Rügen mit seiner langen Seeseite betroffen.

Die Wassergrenze der DDR war anders bewacht als die

grüne. Weniger offensichtlich, aber deswegen nicht weniger unerbittlich. Niemand durfte sich abends am Strand aufhalten. Liebespaare, Nachtbader, Zeltplatzlose oder Betrunkene, die den Weg nach Hause verpasst hatten, wurden umgehend von den Patrouillen aufgegriffen und entfernt.

Einige Jahre vor der Wende war mein Nachbar Igor eines Sommerabends mit einem Freund in der Dämmerung am Strand von Bakenberg entlanggelaufen. Sie hatten nicht vor, dort zu nächtigen, noch weniger, über das Wasser in den Westen zu fliehen, es war einfach der bequemste Weg zurück zu ihrem Zelt in Nonnevitz. Prompt kamen ihnen im Dunkeln zwei junge Grenzsoldaten entgegen, knapp zwanzig Jahre alt wie sie selbst, und kontrollierten ihre Papiere. Weil Igor nur den verdächtigen vorübergehenden Personalausweis, einen sogenannten PM12, dabeihatte, mit dem man besonderer Meldepflicht unterlag, mussten sie die Grenzer ein Stück abseits begleiten und waren völlig perplex, als einer der beiden plötzlich in einen unauffälligen Busch griff und ein Telefon herausholte, über das er die Daten des PM12 mit seiner Dienststelle abglich. Als dort nichts zu beanstanden war, wurden sie verwarnt und mussten das Strandgebiet verlassen, durften aber ansonsten ungehindert weitergehen.

So glimpflich kam man nicht immer davon. Erst recht nicht, wenn tatsächlich ein Fluchtversuch nachgewiesen werden konnte. Fast 5000 Menschen sind zwischen 1961 und 1989 wegen missglückter oder aufgedeckter Republikflucht über die Ostsee verhaftet worden. Die meisten davon wurden rechtskräftig verurteilt.

Über die Wassergrenze der DDR zu entkommen, erforderte umfängliche, meist mehrere Jahre während Vorbereitungen.

Fluchten über die Ostsee wurden überproportional häufig von Menschen aus dem Süden der DDR begangen, die mit den Gefahren des Meeres nicht vertraut waren und sich von der scheinbar kurzen Distanz zu Westdeutschland oder Skandinavien täuschen ließen. Fünfzig Kilometer Land sind nicht im Mindesten vergleichbar mit dem Aufwand und dem Risiko, die fünfzig Kilometer auf hoher See bedeuten.

Doch neben dem enormen Problem, es später über das Meer zu schaffen, bestand das größte Hindernis zunächst darin, überhaupt unbemerkt bis an den Strand zu gelangen. Die entschiedene Mehrheit dieser Versuche scheiterte schon an Land. Regelmäßig holten Marine, Volkspolizei und ihre zahlreichen freiwilligen Helfer Fluchtbereite direkt aus den Zügen der Deutschen Reichsbahn in Richtung Norden oder nahmen sie auf Zeltplätzen fest. Schon wer ein auffälliges Ruder oder ein kleines Steckrigg dabeihatte, machte sich verdächtig.

Trotzdem flohen immer wieder Menschen, oft mit einfachsten Mitteln und kleinsten Gefährten, über die Ostsee und brachten sich damit in höchste Lebensgefahr. Die Geschichten, die die Überlebenden heute davon erzählen, sind hochdramatisch.

Ganze Familien quetschten sich in sprichwörtliche Nussschalen von Freizeitpaddelbooten und forderten die unberechenbare Kraft des Meeres heraus. Meist bei Nebel und starkem Seegang, damit sie für die Küstenwachschiffe schwerer zu orten waren. Monatelang übten sie, sich wie Seefahrer früherer Zeiten in der endlosen Weite des nachtschwarzen Wassers an den Sternen zu orientieren. Wie viele dabei den Tod fanden, weiß heute niemand. Die See schweigt.

Wer zeltete, konnte leichter Fluchtutensilien in Strandnähe

bringen. Ein Campingplatz mit Bungalows und Stellplätzen für Zelte und kleine Wohnmobile wie der von Bakenberg unterlag dementsprechend besonderer Aufsicht. Die Behörden bemühten sich jedoch um Diskretion. Man sortierte eher im Vorfeld über die Urlaubsplatzverteilung aus.

Bei Bakenberg wird der Sand langsam weniger steinig, das Hochufer wieder flacher, und ein traumhafter Badestrand beginnt, der vor Nonnevitz dem perfekten Ufer am nächsten kommt. Wunderschön gelegen, mit heller, hoher Sanddüne. Unten nur die offene See, ganz entfernt rechts die Kreidefelsen und sonst nichts. Die reinste Ostseeidylle. Von der Wasserseite aus betrachtet glaubt kein Mensch, dass sich in den Schatten des uferschützenden Kieferngürtels ein riesiger Zeltplatz duckt.

Im Sommer meide ich diesen Teil der Küste, aber im Mai, wenn der Raps blüht und Rügen ein einziges leuchtendes Gelb ist, das nach Schulferien und Kindheit duftet, ist dieser Strand mein Strand und so menschenleer, dass meine Spuren manchmal die einzigen im Sand sind. Begleitet mich meine furchtlose Tante Heidi aus Wiek, muss ich selbst bei neun Grad mit ins Wasser hüpfen, wenn ich nicht ausgelacht werden will, aber allein sitze ich oft nur barfuß und nachdenklich auf einem der großen Steine und schaue hinüber nach Schweden, das man nicht sehen kann, das aber da ist und auf mich wartet. Dann spüre ich jedes Mal erleichtert, wie Leben durch meine Adern fließt und dass es immer einen Ausweg gibt.

Da ich mehr zu den leidenschaftlichen Uferkuckern gehöre als zu den passionierten Schwimmern, waren Steine am Strand für mich nie ein Problem. Im Gegenteil.

Auf einem Bild aus meinem gelben Fotoalbum stehe ich freudestrahlend im Feuersteingeröll am Strand von Kreptitz und halte mit der einen Hand einen kleinen Stein in die Kamera. Einen Brocken von der Größe meines Stiefelchens fest an mich gepresst in der anderen. »Steine sind Deine Welt«, hat meine Mutter danebengeschrieben.

Steine sind meine Welt. Noch heute kann ich ohne Probleme ganze Tage gebückt, kniend oder bäuchlings an den Steinstränden von Wittow verbringen. Einfach so. Ich suche nichts Bestimmtes, und ich suche auch nicht sehr gründlich. Ich schaue eher, was im Angebot ist. Das hat für mich etwas Kontemplatives, wie Pilzesammeln oder Stricken. Nur noch schöner, weil die ganze Zeit das Meer dabei ist.

Die echten Profis kommen sehr früh am Morgen, bringen einen kleinen Hammer mit und können die Hinterlassenschaften des Eiszeitalters ohne Weiteres von denen der Erdmittelzeit unterscheiden. Für mich dagegen ist Kreide ein Schreibmaterial aus der Schule und Jura die Rechtswissenschaft oder allenfalls noch eine schottische Whiskybrennerei. Wäre ich Geologin geworden, wüsste ich es besser.

Aber die Frage, woher die Steine am Strand in den vergangenen Jahrmilliarden gekommen sind oder wohin sie gehen, hat mich nie sonderlich interessiert. Meine Faszination war immer schon sinnlicher Natur.

Es gefällt mir, Steine zu sehen, sie anzufassen, mit den Händen in ihnen herumzuwühlen. Und ich mag die Töne, die Steine machen. Das befreite Platschen, wenn sie ins Wasser fallen, oder ihr stoisches Knirschen beim Darüberlaufen. Warum sie das tun und welcher Art ihre genaue Zusammensetzung ist, ist mir nicht wichtig. Feuerstein, Sandstein, Kalkstein, Gneis, Granit (Feldspat, Quarz und Glimmer, die vergess' ich nimmer) oder das fröhlich bunte vulkane Porphyr – kaum, dass ich ihre Namen kenne. Was Steine betrifft, bin ich eine Amateurin im wahrsten Sinne des Wortes: Ich liebe sie. In aller Unschuld und ohne einen blassen Schimmer.

Aber an Meeresstränden liegt ja nicht nur Stein, ob nun zermahlen und quarzdurchsetzt als feinster Sand, in Form von handlichen Stücken oder riesigen Findlingen, sondern auch anderes außerordentlich interessantes Brandungsgeröll. Vor allem Versteinerungen vielfältigster Art wie Seelilien, Schwämme, Dickmuscheln, Donnerkeile, Korallen, Armfüßer und so weiter. Dazu Unmengen angeschwemmtes Strandgut: Muscheln, Hölzer, Seesterne, abgewaschene Knochenstückchen, Krabbenreste, Möwenköpfe, Haifischzähne, Gräten.

Und natürlich das klassische Ostseedreigespann aus Hühnergöttern, Seeigeln und Bernstein. Dazwischen Äste und glatt gespülte Wurzeln, die wie Geistergerippe herumliegen und nach den Röcken kleiner Mädchen greifen, die im Schatzfieber fossile Kostbarkeiten suchen. Davon habe ich in den fast vier Jahrzehnten meines Lebens, die ich nun schon leidenschaftlich über Rügens Steinstrände krauche, auch einige gefunden. Besonders unsicher vor mir sind Donnerkeile, die wissenschaftlich korrekt Belemniten heißen und die auffälligen, fingerförmigen Überreste eines prähistorischen Kopffüßers sind, sowie versteinerte Korallen, Brachiopoden und Abdrücke, die kleine Muschelschalen oder Tiere vor Jahrtausenden im Stein hinterlassen haben. Sie alle fallen mir auf zwei Meter sofort in den Blick. Ich suche nicht mal gezielt nach ihnen. Ich entdecke sie einfach, egal, wie winzig sie sind oder wie gut sie sich verstecken. Mir ist sogar mal ein Stück Donnerkeil direkt an der Ernst-Moritz-

Arndt-Sicht untergekommen. Nicht am Fuß des Kreidefelsens –
sondern obendrauf. Tief im Waldweg festgetreten.

Seeigel oder andere ungewöhnliche Fossilien zu finden, ist
schon eher die Ausnahme, aber auch von denen hat sich mit der
Zeit einiges in den Vasen und Goldfischgläsern angehäuft, die
samt ihrem maritimen Inhalt in meiner Berliner Wohnung vor
sich hin stauben.

Leider fehlt in meinen Schätzen bis heute der von mir so sehr
begehrte Klapperstein. Diese in einer blank polierten Feuer-
steinkugel eingeschlossenen und darin geräuschvoll beweg-
lichen Kieselschwämme sind echte Raritäten. Im Vergleich zu
Klappersteinen erscheinen sogar die ebenfalls dünn gesäten
Seeigelkerne als Standardfund. Es ist also höchstens schade,
aber keineswegs verwunderlich, dass mir noch nie einer untergekommen ist.

Äußerst bemerkenswert dagegen ist, dass ich noch nie in
meinem Leben auch nur einen einzigen Bernstein gefunden
habe. Ich schwöre es: noch nie! Dabei ist das »Gold der Ostsee«
nicht mal besonders selten. Das berühmte fossile Harz liegt sogar in relativ großen Mengen am Strand herum. Trotzdem über-
sehe ich es notorisch. Ich scheine einfach keine Bernsteinaugen
zu haben.

Pilzsucher kennen das. Man hat nicht einfach Pilzaugen, man
hat Augen für bestimmte Pilze. Es ist so eine Art optisches Son-
diertalent. Wer Morcheln gut erspäht, muss noch lange kein
Glück mit Maronen haben oder umgekehrt. Auf das Sammeln
von Fossilien angewandt, könnte man demnach sagen, dass ich
zwar ausgesprochene Donnerkeil- und Korallenaugen, aber
eben keine Bernsteinaugen habe. Mein Sehwerkzeug ist ana-
tomisch nicht auf Bernstein spezialisiert. Der ist anderen vor-

behalten, die dafür zum Beispiel nicht so leicht Kalkfossilien finden wie ich.

Inzwischen habe ich meine Bernsteinblindheit hingenommen und ärgere mich nur noch selten darüber. Stattdessen bewundere ich lieber meine wachsende Ausbeute an großartigen urzeitlichen Schätzen anderer Art. Manchmal denke ich inmitten meiner Steine, dass das Ganze doch eigentlich ein schönes Gleichnis auf die Zufriedenheit der Menschen ist. Im Geröll unseres Alltags suchen wir ständig das, was wir nicht besitzen, und meistens entgeht uns darüber die Schönheit dessen, was wir längst gefunden haben.

Auf meiner kleinen Rügenkarte habe ich an die Küste vor Kreptitz »Hühnergötter« geschrieben und an die vor Kap Arkona »Donnerkeile«. In Wahrheit gibt es natürlich an beiden Stränden alles. Vor allem Hühnergötter. Diese typischen Feuersteine mit Loch sind der häufigste Urlaubsfund am Ostseestrand.

Wenn ich alle Hühnergötter, die ich jemals entdeckt habe, aufgelesen und mitgenommen hätte, dann könnten wir damit inzwischen schon eine Hausauffahrt pflastern. Aber Hühnergötter nehme ich eigentlich nur dann mit, wenn sie besonders klein sind, besonders schön oder besonders auffällige Löcher haben. Die anderen lasse ich, wo sie sind, oder lege sie auf einen größeren Stein, damit Kinder sie später entdecken können und sich freuen.

Jahrzehntelang habe ich den Namen »Hühnergott« für besagte Feuersteine mit der gleichen Selbstverständlichkeit verwendet wie alle anderen um mich herum. Ich hielt ihn für eine althergebrachte Bezeichnung – umrankt von Legenden um verzaubertes Federvieh und zürnende Götter.

Entsprechend verblüfft war ich, als ich zum ersten Mal hörte, dass es sich dabei um einen Begriff aus der DDR handeln soll. Das hätte ich unter Umständen sogar hingenommen, wenn sich daran nicht die absurde These geknüpft hätte, Thomas Reschke sei für den »Hühnergott« im Deutschen verantwortlich.

Thomas Reschke ist ein bedeutender Übersetzer russischer Literatur, der Pasternak ins Deutsche gebracht hat, Bulgakow, Soschtschenko und viele mehr. Für den verbalen Feuersteinimport machte er sich verdächtig durch eine 1966 erschienene Novelle von Jewgeni Jewtuschenko, die im Original den Titel *Куриный бог (Kuriny Bog)* trägt. Gemeint war ein Feuerstein mit Loch. Reschke tat das einzig Sinnvolle und übersetzte *Куриный бог* wörtlich: »Hühnergott«.

Da dieser Ausdruck vorher in der deutschen Schriftwelt nur vereinzelt in Übersetzungen ethnologischer Studien über slawische Völker oder in den Weiten wenig gelesener, mehrbändiger Romane nachzuweisen ist, schlossen nun ein paar ganz Schlaue, die Verbreitung von »Hühnergott« an den ostdeutschen Küsten gehe auf diesen Text Jewtuschenkos in der Übersetzung Thomas Reschkes zurück. Der Übersetzer selbst hat das stets bestritten. Völlig zu Recht.

Als ich Anfang der Siebziger in Dranske, keine hundert Meter entfernt von einem endlosen Strand voller Hühnergötter, aufwuchs, war dieser schöne, sprechende Begriff, der jeden Badeurlaub eines DDR-Kindes begleitete, völlig normal. Jeder benutzte ihn.

Meine Mutter hat als Kind in den Fünfzigerjahren schon Hühnergötter gesammelt. Genau wie ihre Großeltern in den Neunzigern. Den 1890ern. Im vergangenen Sommer habe ich in Sassnitz ein handgeschriebenes Pappschild fotografiert, das über einer Vertrauenskasse und ein paar kleinen Tüten mit Lochfeuersteinen hing. »Hühnergötter von der ›Insel Rügen‹«, stand darauf. Die Interpunktion zeigt es. Der einheimische Schreiber befand es offenbar für nötig, die »Insel Rügen« durch Anführungsstriche als Eigennamen zu kennzeichnen, den Allgemeinplatz Hühnergötter dagegen nicht.

Das Widersinnigste an dieser von vornherein albernen Diskussion aber war, dass sie ernstlich davon ausging, sämtliche Bewohner des Bezirks Rostock hätten 1966 geschlossen eine Novelle von Jewgeni Jewtuschenko gelesen (!) und ihren Titel umgehend in die Alltagssprache übernommen (!!). Man kann uns Ossis ja viel nachsagen, aber jeden Unfug müssen wir uns denn doch nicht anhängen lassen.

Anstatt Generationen von Wörterbüchern zu wälzen, in denen Regionalismen sowieso meist übergangen werden, oder über den Einfluss der russischen Literatur auf DDR-Bürger zu philosophieren, hätte man sich auch einfach die Siedlungsgeschichte Vorpommerns anschauen können. Die Rügener Ortsnamen enden meist auf -itz. Poppelvitz, Parchtitz, Dumsevitz, Schmantevitz, Fernlüttkevitz, Kubitz, Vilmnitz und so weiter. Bei Glowe gibt es sogar ein Ruschvitz. Der Rest der Gemeinden heißt Gustow, Parchow, Stresow, Zubzow, Polchow ... Das -w im Ausklang ist tonlos. Mindestens neunzig Prozent der Orte tragen Namen slawischen Ursprungs. Das hängt genauso wenig wie die Verwendung des Begriffs »Hühnergott« damit zusammen, dass die Insel vierzig Jahre zum Gebiet der DDR gehörte, sondern natürlich damit, dass sie gut 700 Jahre lang von Slawen besiedelt wurde.

… und die Bucht singt leise mit.
Kap Arkona und Umgebung

D ie ältesten Spuren menschlichen Lebens auf Rügen stammen aus dem 8./9. Jahrtausend vor Christus. Den Rugiern, einem ostgermanischen Volk, das die Insel von circa 100 vor bis 400 nach Christus besiedelte und ihr vermutlich den Namen gab, folgten um 600 nach Christus die slawischen Ranen.

Die Ranen hatten ihren Hauptverwaltungssitz in Charenza (heute Garz), ihren Haupthandelsplatz in Ralswiek (immer noch Ralswiek) und ihr Hauptheiligtum auf Kap Arkona (ebenfalls noch Kap Arkona). Deswegen spielt Arkona in den Geschichten um die spätere Christianisierung der Insel durch die Dänen eine entscheidende Rolle.

Direkt an der Spitze des Kaps befand sich damals, an exponierter Stelle mit drei Seiten zum Meer und einem schützenden Wall landeinwärts, die Jaromarsburg, welche das wichtigste Heiligtum der Ranen beherbergte: eine mehrere Meter hohe Holzstatue des vierköpfigen Gottes Swantewit, der ein orakelndes Trinkhorn in der Hand hielt. Eine riesige, doppelwandige Halle umschloss ihn. An manchen Tagen im Jahr war es selbst dem geweihten Priester »nicht gestattet, innerhalb des Gebäudes zu atmen, damit die im Heiligtum gegenwärtige Gottheit nicht durch den menschlichen Hauch verunreinigt wurde«.

Dass wir heute so genau über diese seit fast 900 Jahren zerstörte Anlage und ihren Kult im Bilde sind, verdanken wir dem berühmten dänischen Geschichtsschreiber Saxo Grammaticus, der Mitte des 12. Jahrhunderts lebte und sehr detaillierte Aufzeichnungen über Rügen hinterlassen hat.

Am 14. Juni 1168 stürmten die Horden des dänischen Königs Waldemar des Großen unter ihrem Anführer, dem Bischof Absalon von Roskilde, späterer Erzbischof von Lund, einem Heidenhasser und engen Freund Seiner Majestät, die Jaromarsburg und schleiften sie. Danach zerhackten und verbrannten sie die Figur des Gottes Swantewit vor den Augen der zutiefst schockierten einheimischen Bevölkerung.

Durch die Unterwerfung der Ranen fiel Rügen an Waldemar, und die frisch getauften Inselfürsten waren fürderhin Vasallen der dänischen Krone. Das christliche Zeitalter begann.

Von den wenigen Überresten der alten slawischen Tempelburg sind, nach mehreren schweren Uferabbrüchen des Kaps in den letzten 130 Jahren, inzwischen nur noch Stücke des Burgwalls erhalten. Man kann sie besichtigen, aber ehrlich gesagt ist trotz der guten Beschilderung eigentlich nichts zu erkennen.

Die kaum als solche identifizierbaren Ruinen der Jaromarsburg sind Teil des Flächendenkmals Kap Arkona, zu dem außerdem die beiden historischen Leuchttürme, der schöne Peilturm und die alte Nebelsignalstation gehören. Mit stattlichen 800 000 Besuchern pro Jahr führt es die Liste der überlaufensten Attraktionen Rügens ganz klar an und hat deswegen mit der Zeit auch alle Allüren angenommen, die ein solcher Ort eben hat (und wohl auch wesenseigen braucht): einen riesigen Parkplatz, auf dem alle Fahrzeuge, die kein Fahrrad oder Tretroller sind, kostenpflichtig abgestellt werden müssen, beinahe unbezahlbare Toilettengebühren, Souvenirläden mit Tinnef in allen Variationen, überteuerte Würstchen- und Naschwerkbuden und einige sehr mittelmäßige Restaurationen mit Frei-luftbereich. Auf Arkona verkehrt neben den ständigen Pen-delbussen außerdem ein seltsamer kleiner Zug auf Rädern, der verblüffende Ähnlichkeit hat mit den in der DDR beliebten Pio-niereisenbahnen, die früher in großen Parkanlagen von Schü-lern gesteuert wurden.

Das hört sich alles grauenvoll an und ist es auch – trotzdem kann ich einem Besuch Kap Arkonas und seiner Umgebung nur dringend zuraten. Denn erstens ist bekannt, dass, wer Allein-sein schätzt, beliebte Ausflugsziele während der Saison besser meiden sollte, und zweitens ist Arkona nicht nur eine der über-fülltesten Ecken Rügens, sondern auch eine der paradiesischs-ten.

Ein Narr, wer sich das entgehen lässt, nur wegen ein paar Bus-ladungen voller Rentner. »Einen schönen Mann hast du nie für dich alleine«, pflegte meine Großmutter zu sagen. Eine schöne Landschaft erst recht nicht.

Ich muss bei jedem Rügenaufenthalt mindestens ein Mal nach Arkona und liebe diesen Teil Wittows unendlich. Nicht zuletzt wegen der Einsamkeit, die sich in den Touristenmen-gen zwar nicht gleich vermuten lässt, die es aber dort gibt. Man muss nur wissen, wo der Menschenstrom versiegt und das Meer einem allein begegnet. Besonders versteckt sind diese Stellen eigentlich nicht. Manchmal reicht es schon, den anderen nicht hinterherzulaufen.

Mehr als ein Fahrrad und eine Uferkarte braucht man jeden-falls nicht, um ihn zu finden, den schönsten Platz der Welt, wo die See weit und das Leben voller Hoffnung ist. Oben auf der Küste zwischen Brombeerbüschen und Sanddorn summen die Bienen, und die Bucht singt leise mit. Hier sitzen und ausruhen.

Für immer. Den Wind in den Haaren und die Ostseesonne im Gesicht.

Obwohl man es häufiger liest, ist das Kap von Arkona selbst nicht der nördlichste Punkt Rügens. Das ist Gellort, knapp tausend Meter westlich der eigentlichen Landspitze mit den Trümmern der Jaromarsburg gelegen.

Am Ufer vor Gellort liegt der Siebenschneiderstein, der viertgrößte Findling der Insel. Er befindet sich zwar nicht im Wasser, aber wenn der Meeresspiegel nur etwas steigt, muss man doch ein bisschen über die anderen großen Geröllsteine tanzen, um trockenen Schuhs bei ihm anzukommen.

Der Siebenschneiderstein, oder plattdeutsch Söbenschniedersteen, gehört, wie noch knapp zwei Dutzend seiner riesigen Kollegen, zu den gesetzlich geschützten Geotopen Rügens. Die Gletscher der Eiszeit brachten sie einst von weit her auf die Insel. Findlinge haben sehr lange Reisen hinter sich. »Wanderer des Nordens« werden sie deswegen genannt.

Der Blockstrand hier gehört, genau wie der am anderen Ende der Tromper Wiek liegende, ebenso wildromantische von Lohme, zu den schwerer zugänglichen Stellen der Insel und wird daher, je weiter er sich vom Kap entfernt, immer einsamer. Dort einen Kletterspaziergang am Wasser zu machen ist wirklich großartig und fast so etwas wie ein Geheimtipp.

Vor dem verwinkelten Uferabstieg von Gellort, der Königstreppe, hat das Umweltministerium Mecklenburg-Vorpommerns ein Hinweisschild aufgestellt, auf dem steht: »Naturschutzgebiet Nordufer von Wittow mit Hohen Dielen: Im norddeutschen Raum einmaliges Mosaik aus Halbtrockenrasen, Sickerfluren und Buschbuchenwald am Ruhekliff sowie Spülsaum-, Primärdünen- und Salzrasenvegetation am landschaftlich reizvollsten Blockstrand Deutschlands«. Auch wenn ich in meinem Leben nie von Sickerfluren, Primärdünen oder Spülsaumvegetation gehört hatte, bis ich zum ersten Mal dieses Schild sah – wo die Regierung recht hat, hat sie recht: Schön ist es hier. Sogar ganz offiziell.

Die klassische Arkona-Tour, die sich in jedem Fall lohnt, zur Not auch im Hochsommer, wenn die Touristen sich dicht drängen, führt nicht bis Gellort, sondern vom südlich des Kaps gelegenen kleinen Ort Vitt am Steilufer entlang zu den Leuchttürmen. Oder umgekehrt.

Die Leuchttürme, von denen der ältere Schinkelturm genannt wird, obwohl er lediglich nach vagen Entwürfen des Rügenreisenden Karl-Friedrich Schinkel entstand, und der neuere vor seinem diskreten Beigeanstrich 1992 aussah wie eine lustige schwarz-rote Ringelsocke, liegen beide mitten im Touristenmoloch.

Hier ist kein Ausweichen möglich. Höchstens in einen der zwei streng geheimen Militärbunker, einmal Wehrmacht und einmal Volksmarine (6. Flottille, die Dransker also), welche heute zu besichtigen sind. Wenn man das denn möchte. Das Einzige, was an den Bunkern wirklich rührend ist, sind die vielen gebogenen Lüftungsrohre, die auf einer Wiese voller Pusteblumen aus dem Erdreich ragen. Sie sehen von Weitem aus wie die langen Hälse einer Herde furchtbar neugieriger Dinosaurierkinder.

Der Schinkelturm wurde nach dem Zweiten Weltkrieg bis 1990 zur Überwachung der Seegrenze genutzt, heute befindet sich darin ein Standesamt. Vor dem Leuchtturm können die Brautpaare eine selbst gestaltete Kachel mit ihren Namen in den Boden einlassen. Eine riskante Angelegenheit, denn nach der Scheidung erinnern diese Kacheln später genau wie gemeinsame Kinder und Eigenheime in aller Öffentlichkeit stetig an den gebrochenen Schwur.

Von den Leuchttürmen geht es geradewegs zum eigentlichen Kap mit dem eingezäunten Areal der Jaromarsburg, wo der idyllische Hochuferweg nach Vitt beginnt.

Auf Arkona ist an einigen Stellen Kunst im öffentlichen Raum ausgestellt worden. In Höhe der verschwundenen Tempelanlage hat man sich unter anderem für einen bildschönen, traurigen Jaromar und natürlich eine neue Swantewit-Figur entschieden. Letztere wurde aus einem einzigen Stamm geschnitzt und ist äußerst respekteinflößend. Von »geschorenem Bart und geschnittenem Haar«, wie der Augenzeuge Saxo Grammaticus einst berichtete, kann allerdings keine Rede sein. Der Swantewit der Moderne lässt seine Haare wild im Wind wallen, und zwar an allen vier Köpfen.

Mein Lieblingsobjekt im Offenen Atelier Kap Arkona ist allerdings der grandiose »See(/h)vogel«. Er steht auf halber Strecke nach Vitt, und man sollte unbedingt eine Pause einlegen, um vom Schoß dieser vier Meter hohen, möwenartigen Holzplastik aufs Meer zu schauen. Der Vogel lässt das mit einer so würdevoll-lässig verschnupften Miene über sich ergehen, dass ich jedes Mal ganz hingerissen bin und ihn am liebsten mitnehmen würde in meinen Garten.

Und die Ostseeaussicht am besten gleich mit dazu.

In einer Liete, einem Ufereinschnitt der Steilküste, fast verborgen liegt das Puppendorf Vitt (nicht zu verwechseln mit Vitte auf Hiddensee), das nur aus einer Handvoll jahrhundertealter malerischer Fischerkaten besteht, die allesamt denkmalgeschützt sind. Dazu ein kleiner Hafen, Fischernetze, die auf Zäunen trocknen, und uralte Markierungen an den Häusern.

Der Ort gilt vielen als der schönste und romantischste auf ganz Rügen. Auch mir fiele wirklich kein hübscherer ein, aber die Touristenmassen, die in dem schmalen Dörfchen deutlich mehr auffallen als oben auf dem weitläufigen Kap, muss man zur Pracht Vitts schon mit dazunehmen. Der einzige Gast ist man hier leider nie – oder nur an einem sehr, sehr ungemütlichen Wintertag.

Vitt ist zu Recht berühmt für seine winzige, achtseitige Kapelle, die mit Schilfdach und schneeweiß gekalkten Wänden gut sichtbar oberhalb des Dorfes thront. Im Dachstuhl nistet ein Schwalbenpaar, und über dem Altar des schlichten Raumes hängt ein Gemälde, das Jesus zeigt, wie er über die stürmische See läuft und den Fischer Petrus aus den Fluten rettet. Das Original dieses Bildes stammt von Philipp Otto Runge, und in Auftrag gegeben hat es 1805, eigens für diese Kapelle, sein früher Lehrer Ludwig Gotthard Kosegarten, seinerzeit ein bekannter Dichter und Pastor der Pfarrkirche von Altenkirchen. »Petrus auf dem Meer« verblieb nach dem überraschenden Tod des Malers jedoch in Hamburg, wo es heute in der Kunsthalle zu sehen ist, während ein Stralsunder Künstler fast hundert Jahre später für den Altar in Vitt wenigstens eine Kopie davon anfertigte.

Bevor Kosegarten die kleine Kapelle aus Spendengeldern errichten ließ, hielt er für die Fischer von Vitt direkt auf dem Kliff über dem Dorf seine beliebten Uferpredigten, die es den Männern gestatteten, das Wort Gottes und die vorüberziehenden Heringsschwärme gleichzeitig zur Kenntnis zu nehmen.

Kosegarten war später Professor und Rektor an der Universität Greifswald, doch begraben ist er wieder hier auf Rügen. Auf dem Friedhof seiner ehemaligen Pfarrei in Altenkirchen. So schnell lässt man Wittow eben nicht hinter sich.

Von Vitt führt der denkbar schönste Weg oben an der Steilküste entlang bis runter nach Drewoldke, von dem ich als Kind natürlich glaubte, es hieße Drehwolke. Immer ganz nah am Ufer, wo einem nur ab und zu ein paar Wanderer und Fahrradfahrer entgegenkommen, vorbei an Goor und dem Riesenberg von Nobbin, einem imposanten, vierunddreißig Meter langen, elf Meter breiten Hünengrab, im Hintergrund die ganze Halbinsel. Die See glitzert im Licht der Sonne.

Vergangenes Jahr habe ich Freunden von Rügen aus eine bedenklich kolorierte Ansichtskarte geschickt und draufgeschrieben: »… ein bisschen nachgeholfen, würde ich meinen, aber die grüne Farbe des Wassers im Kontrast zum Azur des Sommerhimmels ist sehr schön zu erkennen. Meine grüne See! Vor 20 Jahren haben Eric und ich auf dem Dampfer nach Hiddensee gestritten, ob die Ostsee verseucht ist (Eric) oder ob ein Meer sowieso immer grün ist (ich). Wir hatten beide unrecht: Die Ostsee war nicht schmutzig, und das Mittelmeer ist wirklich blau – wir hatten einfach nur keine Ahnung. Große Klappe, nix dahinter. Es gibt viele gute Gründe, älter zu werden.«

Tatsächlich standen mein südfranzösischer Freund Eric und ich uns 1990, beide noch Teenager, die Hände in die Hüften gestemmt, wie Kampfhähne gegenüber und verteidigten leidenschaftlich das Meer. Jeder seins.

Eric schimpfte, die Ostsee sei ja schon ganz grün vor Dreck, und ich fauchte zurück, wovon er eigentlich spreche, welche Farbe Meerwasser denn sonst haben solle. Blau sei ja wohl allenfalls die Klospülung.

Eric sah an diesem Tag zum ersten Mal die Ostsee, und ich war bis dahin nie am Mittelmeer gewesen. Wir wussten noch nicht, dass das Meer, genau wie das Leben, sehr viele Farben hat.

Kein Jahr später stand ich auf der Überfahrt nach Elba an Bord der Fähre und starrte fassungslos ins Wasser. Es war tatsächlich blau. Blau. Blau. Aber nicht wie Klospülung, sondern wie reine Anmut.

Yann Martel erzählt in *Schiffbruch mit Tiger* vom Handbuch eines ungenannten britischen Korvettenkapitäns, welches wichtige Ratschläge enthält, um Schiffbrüchigen das Überleben auf See zu sichern. An achter Stelle heißt es, neben praktischen Hinweisen, weder Urin noch Vogelblut zu trinken oder täglich fünf Minuten die Füße hochzulegen: »Grünes Wasser ist flacher als blaues.« Das könnte die Erklärung sein: Die Ostsee ist an ihrer tiefsten Stelle 459 Meter tief, das Mittelmeer 5267 Meter.

Gerade am Hochuferweg zwischen Arkona und Drewoldke kann man das Grün der kleinen, wilden Baltin in allen Schattierungen sehen. Im Frühsommer liegt die Tromper Wiek in hundert Farbtönen da, und auf den Feldern blüht dazu endloser Raps.

Wer nach diesem Spaziergang an einem warmen Maitag nicht verliebt ist in die Insel und das Meer, dem kann keiner mehr helfen.

Unten am Strand ist der Weg genauso berückend. Den Raps sieht man von dort zwar nicht, aber dafür sind die Nähe zum Wasser und die sportliche Herausforderung größer. Die Strecke ist kürzer als die oben an der Steilküste entlang, dauert aber viel länger, denn es geht sieben anstrengende Kilometer über Stock und Stein, wie man das in einem wahreren Sinne des Wortes selten finden wird. Eigentlich nur bei Lohme und vor den Kreidefelsen der Stubnitz. Festes Schuhwerk ist deswegen unbedingt zu empfehlen. Knöchel und Waden melden sich zwar trotzdem am nächsten Morgen, aber wenigstens sinkt die Verletzungsgefahr durch Umknicken oder Schlimmeres. Außerdem braucht man an der See schon deshalb ein, zwei Stunden mehr als oben, weil man viel Zeit gebückt beim Suchen nach Versteinerungen aller Art verliert, liegt doch auch das Ostufer von Wittow selbstverständlich voller Schätze ... Insofern kann man davon ausgehen, dass es allein bei Muskelkater im Beinbereich nach einer solchen Wanderung nicht bleibt. Der Rücken hat meistens ebenfalls mitzuzippern. Pausen helfen. Sie schonen nicht nur den Körper, sie beruhigen auch die Seele. Das Meer, ein paar Möwen, und schon ist die Welt so, wie sie sein soll.

Vom feinen Sandstrand Juliusruhs bis zum Kap werden die Steine im Wasser immer zahlreicher und größer, und manche von ihnen sind voller Seetang. Hellbraun und giftig grün fleckt er das seichte Ufer und wiegt sich in den Wellen sanft wie die langen Locken der Meerjungfrauen.

Seit dem Umzug aufs Festland war ich nur noch in den Ferien am Meer. Entweder bei Oma in Stralsund oder bei unseren Freunden in Wiek. Später besuchte ich manchmal auch meinen Vater, der nach ein paar Jahren mit neuer Frau und neuer Tochter aus Leningrad wieder nach Dranske zurückgekehrt war.

In Grünheide hatten wir einen Teich mit Seerosen vor dem Haus, den man in zwanzig Minuten umlaufen konnte. Statt Möwen gab es Haubentaucher und Enten. Brandenburg ist wunderschön, aber richtig heimisch bin ich erst in Berlin wieder geworden, wohin wir 1982 weiterzogen. Hier wohne ich sehr gerne. Ich mag meine Stadt, weil sie temperamentvoll, chaotisch und nachdenklich zugleich ist. Voller Ironie und Schwermut. Berlin hat eine große Schnauze, ein großes Herz und, wenn keiner hinkuckt, auch eine große Träne im Knopfloch. Aber wenn niemand mehr an der Spree lebte, den ich liebe, würde ich mich ohne Bedauern umdrehen und gehen.

Manchmal werde ich nach Heimat gefragt. Ich zögere nie mit der Antwort. Der Norden, sag ich dann. Die Ostsee, Rügen. Obwohl Berlin, das mein Zuhause ist, eigentlich näherläge. Immerhin wohne ich hier seit fast dreißig Jahren. Doch Heimat ist, wonach das Herz sich sehnt.

Als ich 1993 Deutschland für ein Jahr verließ, um in der Emilia-Romagna zu studieren, kaufte ich ein Tagebuch, das ich immer bei mir führte. In den Umschlag klebte ich eine kleine, skizzenartige Karte, die ich aus einem Zeitungsartikel geschnitten hatte. Darauf sah man die Ostseeküste vom Fischland bis nach Usedom. Nur fünf Punkte waren auf der zweifarbigen, Wasser und Land trennenden Zeichnung vermerkt: »Darßer Ort, Stralsund, Saßnitz, Kap Arkona, Hiddensee«. Mehr Heimat konnte ich mir damals in Italien nicht vorstellen.

Mehr Heimat kann ich mir auch heute noch nicht vorstellen.

Das Glück hinter der Düne.
Strandleben und FKK an der Schaabe

Eine Freundin aus Odessa, die seit fast zwanzig Jahren in New York City lebt, sehnt sich stets nach Berlin. Als ich sie fragte, warum sie die Mietskasernen des Prenzlauer Bergs denen Manhattans so entschieden vorziehe, erklärte sie mir: »Weil man in Berlin das Meer hinter den Häusern sieht.« Ich wusste sofort, was sie meint.

Seit einigen Jahren lebe ich in einer Wohnung im fünften Stock an der Oberseite eines kleinen, abschüssigen Platzes im Prenzlauer Berg. Von dort aus hat man einen sensationellen Blick über Berlin. Hinter den 200 Meter vis-à-vis liegenden Häusern öffnet sich das ganze Hauptstadtpanorama. Alle beneiden mich um die Aussicht, und auch ich bin sehr glücklich darüber.

Nur eines trübte anfangs die Freude – seit meinem Umzug habe ich keinen Meerblick mehr. Von der Wohnung auf dem schmalen Hinterhof, zwei Straßen entfernt, in der ich vorher jahrelang lebte, schaute ich aus allen Fenstern auf die graue Wand des Seitenflügels gegenüber. Doch wenn ich mit den Füßen zum Hof auf meinem Bett lag, dann konnte ich hinter dem Dach das Meer sehen. Stülpte ich dazu die Hände über die Ohren, habe ich es auch gehört. Es war toll.

Wahrscheinlich können Kinder, die an der Küste aufwachsen, den Horizont, halbiert von einer klaren Linie, gar nicht anders sehen, denn sie wissen genau, dass unter einem so weiten

Himmel immer die See liegt. Das ist am Schwarzen Meer nicht anders als an der Ostsee.

Bei mir hat der Umstand, dass ich hinter jeder Brandmauer das Wasser vermute, mit den Strandaufgängen in den Dünen der Schaabe zu tun. Hinter ihnen lag das Badeparadies meiner Kindheit, der denkbar schönste Strand der Welt. Zwischen Juliusruh und Glowe fast zehn Kilometer lang, auf der Nordseite der schmalen Nehrung, die Wittow mit Jasmund verbindet. Wer die weite, helle Bucht der Schaabe mit ihrem Pulversand nie an einem warmen Sommertag im Sonnenschein gesehen hat, der komme mir bitte nicht mit der Karibik.

Die Strandaufgänge waren, wie meist an der See, kleine, unbefestigte, bucklige Schneisen, in die Düne geschlagen und begrenzt von kniehohen Holzpfosten mit Koppeldraht. Weil auf den Waldwegen, die zu den Strandaufgängen führen, überall Kienäpfel und kleine Äste herumliegen, Wurzeln wachsen, an denen man sich die Zehen stößt, und alles voller piksiger Kiefernnadeln ist, zog ich mir die Sandalen niemals auf dem Parkplatz aus, sondern immer erst direkt an der Düne, wo das Schilf im Sommer manchmal bis auf den Weg wucherte und meine Mutter mich ermahnte, mir nicht die Fußsohlen daran zu schneiden. Sobald ich jedoch die Dünen erreicht hatte, riss ich meine Schuhe in Vorfreude von den Füßen und kämpfte mich, mit den nackten Zehen im Sandhügel Halt suchend, nach oben. Hier konnte ich das Meer schon hören und die Frische des Wassers riechen. Aber ich sah nur die Kuppe des Aufgangs, die den nahen Himmel anschnitt.

Dahinter – da lag das Meer und würde sich gleich zeigen. Nur noch ein paar Schritte.

Noch heute erfüllt mich dieser Moment, wenn die See endlich hinter der Düne auftaucht, mit Glück. Jedes Mal ist es, einen magischen Augenblick lang, als sei ich am Horizont angekommen.

Die Schaabe sieht genau so aus, wie der perfekte Badestrand aussehen muss: weicher, weißer Sand, weite Sicht, schilfbewachsene Düne, keine Steine. Das flach ins klare Wasser abfallende Ufer von Sandbänken durchzogen. Ab und zu ein Schiff in der Ferne.

Die Schaabe hat das nicht exklusiv zu bieten; auch andere Gegenden der Insel locken mit dieser Ostseeidylle: Nonnevitz, Prora, die alten Bäder im Süden und der Große Strand von Thiessow.

Trotzdem gibt es natürlich deutliche Nuancen. Strand ist nicht gleich Strand. Schon gar nicht auf Rügen. Die langen, feinsandigen Badestellen der Insel variieren in ihrer Abgeschiedenheit, welche sich wiederum zu unterschiedlichen Jahreszeiten unterschiedlich darstellen kann. Oder im Versorgungsangebot, das natürlich in den Ostseebädern mit ihren Fressmeilen im Rücken wesentlich besser ist als an der einsamen Schaabe, wohin man alles selbst mitbringen muss.

Die Sandqualität ist zwar überall gut, aber nicht überall gleich – obwohl man die Hinterlassenschaften eines Rügener Badeurlaubs so oder so noch Monate später zwischen Buchseiten oder in Jackentaschen findet. Ich habe schon Sachen ausgeschüttet, die waren zu DDR-Zeiten das letzte Mal am Meer, und die Ritzen ihrer Nähte sind immer noch voller Sand.

Auch die Aussicht ist an jedem Strand anders. In Binz schaut man auf den Fährhafen Mukran und die fernen Kreidefelsen, von Thiessow aus auf die Greifswalder Oie. Von der Schaabe hat man Blick auf Kap Arkona, und vor Nonnevitz liegt theoretisch nur Schweden im Wasser, aber das ist mit fünfundsiebzig Kilometern Entfernung außerhalb menschlicher Sichtweite. Möwen könnten da von oben mehr Glück haben.

Gemeinhin gelten übrigens die Strände im Südosten als die schönsten der Insel. Wie dieses Gerücht entstanden ist, verstehe ich zwar nicht, es kommt mir aber durchaus gelegen. Sollen nur alle nach Binz fahren ... Mehr Schaabe für mich!

In meiner Kindheit war die Schaabe immer überfüllt. So wie die ganze Insel. Um zum Strand zu gelangen, musste man auf der erosionsempfindlichen Nehrung erst 200 Meter durch einen sehr hügeligen Kiefernwald laufen, der seit dem 19. Jahrhundert kontinuierlich nachgeforstet wird. Küstenschutz ist wichtig. Die Bäume bewahren die Schaabe davor, bei großen Sturmfluten ganz unterzugehen, denn an manchen Stellen ist sie kaum 1500 Meter breit.

Bis auf ein früheres Armeeausbildungslager am nördlichsten Zipfel, links vor der Abfahrt nach Breege, ist die Schaabe völlig unbebaut. Nur eine geteerte Fernstraße, die L30, führt darüber, mitten durch den Wald.

Früher standen während der zweimonatigen DDR-Sommerferien zu beiden Seiten der Straße die Autos der Strandgäste eng hintereinander. Die kilometerlange, bunte Parkparade begann in Glowe und zog sich bis nach Juliusruh. Vor jedem Strandzugang gab es auch einen offiziellen Parkplatz, einen einfach umfriedeten Flecken am Waldrand, aber diese Plätze reichten bei Weitem nicht aus. Heute ist es in der Saison hier nur unwesentlich leerer, und die Parkplätze sind nicht nur immer noch knapp bemessen, sondern zudem inzwischen gebührenpflichtig, wes-

wegen unter den Kiefern einige verloren wartende Parkschein-
automaten aufgestellt wurden. Wer sein Auto wie früher am
Straßenrand parkt, riskiert ein Knöllchen vom Ordnungs-
amt. Kostenlos ist auf Rügen heute nur noch das Wetter – von
irgendetwas muss die Insel schließlich leben.

Wir fuhren jedes Jahr auf denselben Parkplatz, denn wir gingen immer an denselben Strandabschnitt, ungefähr in der Mitte
zwischen Juliusruh und Glowe. Standorttreue war durchaus
üblich. An unserem Strandabschnitt waren alljährlich diesel-
ben Gäste, weswegen man sich mit der Zeit zwar nicht gut genug kannte, um zu plaudern, aber doch, um zu bemerken, dass
der Urlaub im Juli statt im August genommen wurde oder ein
neues Kind unterwegs war.

Manche Leute bauten am Anfang der Ferien Sandburgen, einige von ihnen schrieben sogar mit Muscheln oder kleinen Steinen ihren Namen und die genauen Urlaubsdaten auf den Rand.
Das wurde von allen respektiert. Sich in eine fremde Sandburg
zu legen, nur weil sie morgens noch leer war, galt als unfair. So
etwas tat man einfach nicht.

Eine abgesenkte Liegestelle oder einen Windschutz brauchte
jeder an der stürmischen Schaabe. Wer sich an windigen Tagen
einfach so auf eine Decke legte, dem flog der Sand ständig und
überall hinterher. Man hatte ihn dann zwischen den Zähnen, im
Haar, im Essen, in den Handtüchern, in der Kleidung.

Auch wir gingen nie ohne Windschutz an den Strand. Meine
Mutter hatte Mitte der Siebziger irgendwo zwei lange Fahnen
regenbogenfarbenen Futterstoff aufgetrieben. Daraus wurden
später unser rosa-bunt gestreifter Windschutz und der grün-
lila leuchtende unserer Wieker Freunde. Am Strand steckten
wir sie so zusammen, dass sie einen geräumigen Kreis bildeten.

Das war auch nötig, denn wir waren immer in großer Gruppe an der Schaabe. Schon Tante Heidi und Onkel Erhard mit ihren fünf Kindern und meine Eltern mit mir allein ergaben zehn Personen. Oft waren noch die Urlauber aus den beiden Lauben im Hof und deren Kinder dabei. Die brachten dann ebenfalls ihren Windschutz mit, und der Platz, den wir am Strand einnahmen, wurde noch größer. Ich bin sicher, die meisten Besucher unseres Strandaufgangs erinnern sich an uns.

Wenn sie nicht badeten, sonnten sich die Frauen, schwatzten und rauchten. Die Männer lagen dösend herum oder gingen spazieren. Manchmal standen sie einfach minutenlang aufrecht im Windschutz und schauten sich um. Viele Männer am Strand taten das. Vielleicht war es ein Schutzinstinkt, der die spielenden Kinder im Wasser oder den heimischen Hort betraf. Bis heute erinnert mich der Anblick einer Erdmännchenkolonie unwillkürlich an die Sommer früher an der Schaabe.

Es kam höchst selten vor, dass wir alle oben an der Düne im Windschutz saßen. Eigentlich nur, wenn die Mütter den Blechkuchen verteilten, den Heidi oder ihre älteste Tochter morgens gebacken hatten. Dazu immer was Frisches aus dem Garten auf die Hand: Äpfel, Mohrrüben, Landgurken, Schoten. War ausnahmsweise mal kein Kuchen da, gab es frische Brötchen, die einer der beiden älteren Söhne schon morgens um sechs mitbrachte, wenn er vom Läuten des Glockenstuhls an der alten Wieker Pfarrkirche zurückkam. Der Bäcker war gleich gegenüber.

Diese Brötchen, die wir am Strand einfach trocken aßen, weil niemand sich den Stress von zerlaufener Butter und verschmierter Leberwurst antun wollte, wurden den Einheimischen nach genauer Vorbestellung zugeteilt, während die Urlauber sich in ihrer langen Schlange mit dem wenigen, was übrig blieb, begnügen mussten. Wer zu spät kam, den bestrafte die DDR-Mangelwirtschaft. Die Versorgung der werktätigen Bevölkerung in den Ferienhochburgen bekam der Osten bis zum Schluss nicht in den Griff. Manchmal fehlten im Sommer wochenlang die einfachsten Dinge wie Klopapier oder Streichhölzer.

Wir fuhren nie vor dem Mittag an den Strand. Das hatte drei gute Gründe. Erstens zeigt sich auf Wittow, wo das Wetter sehr schnell und radikal umschlagen kann, erst gegen elf Uhr, wie der Tag wirklich wird. Zweitens ist der Sand dort oben auch im Hochsommer morgens häufig noch etwas klamm von der Nacht. Und drittens gab es bei Tante Heidi in Wiek immer spätestens um zwölf Mittagessen. Erst danach ging's an den Strand, wo wir bis fünf Uhr blieben. Irgendwann spät gab es Abendbrot, und wenn wir Kinder endlich im Bett waren, konnten wir Heidi und meine Mutter, die mit einem Likör unter der Lärche im Garten saßen, lachen hören.

Wir schliefen schnell ein, denn Seeluft macht müde. Fast den ganzen Tag hatten wir am Strand herumgetollt, vor allem im Wasser, das hier genau wie der Grund weich und blitzsauber ist. Natürlich gab es Sommer, in denen die Schaabe von Quallenplagen, Algenplagen, toten Flundern im Sand oder Blasentang heimgesucht wurde, aber glücklicherweise war das in der Mitte der Bucht die Ausnahme. Die Strömung und der andauernd starke Wind schwemmten solche Dinge meistens in Juliusruh oder Glowe an. Manche Jahre gab es damit dort ein ernstes Problem, aber das betraf unser schönes, faules Strandleben fünf Kilometer entfernt nicht.

Das erste Mal, dass ich in einem anderen Meer als der Ostsee badete, war 1978 an der Schwarzmeerküste in Sotschi, wohin mich meine Oma in den Urlaub mitgenommen hatte. Ich weiß noch, dass ich in diesem Sommer gerade schwimmen lernte und alles, was ich bis dahin erst halbwegs beherrschte, in dem Kurort nahe der georgischen Grenze erstaunlich schnell vervollkommnen konnte. Als ich meine neuen Fähigkeiten später in unserem kleinen Brandenburger Pfuhl vorführen wollte, ging ich unter wie ein Sandsack. Es war die Lektion, dass Salzwasser besser trägt als Süßwasser.

Ich tröstete mich mit der Hoffnung auf die Ostsee. Als wir im kommenden Jahr wieder nach Rügen fuhren, konnte ich allerdings schon richtig schwimmen. Auch im See vor dem Haus.

Woran ich mich nicht erinnern kann, ist die Temperatur, die das Schwarze Meer damals in Sotschi hatte. Der Schock, den ich diesbezüglich erlitt, als ich mich zum ersten Mal in die Wellen des Mittelmeers warf, steht mir dagegen noch lebhaft vor Augen. Das Wasser war handwarm wie in der Badewanne. Da hätte ich auch gleich an Land bleiben können.

Seitdem streite ich bei jeder sich bietenden Gelegenheit, ob das Meer am idealen Strand eher lau oder eher frisch sein sollte. Für mich ist das keine Frage: ganz klar frisch. Wie meine Ostsee. Die ist ein kühles Gewässer. Ein Nordlicht eben. Am Ende ungewöhnlich heißer Sommer steigt die Wassertemperatur vor Rügen manchmal auf 25 Grad Celsius, sonst bewegt sie sich deutlich darunter.

Deswegen springen auch die wenigsten Badenden einfach so rein ins Vergnügen. Es braucht immer einen Überwindungsmoment. Dieser kann länger oder kürzer sein, das kommt auf den Typ an.

Es gibt die Zaghaften, die erst mit langen Beinen ins Wasser staken, das Gesicht verziehen, die Arme vor dem Oberkörper kreuzen und dabei immer etwas leidend zurückschauen, bis sie irgendwann vorsichtig mit den Händen Wasser über Ellenbogen, Schultern und Brust schöpfen, um dann endlich mit einem Seufzer in die Fluten zu sinken.

Es gibt die Vernünftigen, auf Abhärtung Bedachten, die gemächlichen Schrittes ins Wasser gehen, sich den Oberkörper befeuchten, um ihn an die Temperatur zu gewöhnen, und dann zügig ein paar Meter schwimmen.

Und es gibt die Coolen, die einfach klaglos reingehen, keine Miene verziehen, ohne zu zögern ins Wasser gleiten, losschwimmen und ebenso schnörkellos wieder rauskommen. Als wären 16 Grad Celsius nichts.

Mein Lieblingstyp aber sind die seltenen, fast ausschließlich männlichen Draufgänger, die schon an der Düne oben Anlauf nehmen, dann über den Strand mit 30 Sachen ins Wasser rennen, sich wild spritzend hineinfallen lassen und kopfüber drauflosschwimmen ins offene Meer. Die meisten von ihnen kommen auch im selben Tempo wieder rausgeflitzt.

Der verbreitetste Ostseebader schließlich ist vermutlich dieser: bis in Hüfthöhe waten, dort eine Weile unentschlossen herumstehen, um irgendwann plötzlich mit dem ganzen Körper auf einmal bis zum Schopf unterzutauchen und wie ein prustendes Walross wieder hochzukommen. Dann ist man nass, und dann geht es los.

Wir haben diese Technik manchmal sogar in Gruppen angewendet. Hand in Hand nebeneinander und dann auf eins, zwei, drei untertauchen. Vor allem eines Sommers Anfang der Achtzigerjahre, der so stürmisch war, dass er das Ufer in eine gänzlich ungewohnte Linienführung gezwungen hatte, warfen wir uns die gesamten Ferien über buchstäblich reihenweise in die zwei Meter hohen Brandungswellen – an Stellen, wo das Wasser normalerweise nur knietief ist. Alle kreischten vor Freude, und wir mussten sehr aufpassen, dass es keinen zu weit hinaus ins offene Meer zog.

Ich liebte Seegang an der Schaabe und war aus den aufregenden Fluten kaum herauszubekommen. Der Strandklassiker: Tropfend, mit blauen Lippen, am ganzen Leib zitternd, diskutierte ich mit meiner Mutter und behauptete standhaft, dass es keinen Grund gebe, mich schon jetzt, nach zwei Stunden, aus dem Wasser zu dirigieren ... Manchmal musste sie erst streng werden, bis ich klein beigab.

Wenn ich richtig durchgefroren war, was mir (im Gegensatz zu meiner Mutter) meist erst in ein Handtuch gewickelt im Windschutz auffiel, kippte ich einfach erschöpft zur Seite und legte meinen Kopf auf die ausgebreiteten Decken am Boden. Sofort ließ das Sausen in den Ohren nach, die Luft stand still, und die Geräusche der Menschen am Strand wurden gedämpft. Die Ruhe im Innern eines Windschutzes hat für mich bis heute etwas sehr Behütendes.

Doch der Windschutz scheint ein aussterbendes Strandutensil zu sein. In Zeiten von Lichtschutzfaktor 40 an Ostseeufern stehen an der Schaabe, wie überall, immer mehr eigenartige, halb offene Zeltmuscheln, die sehr effektiv Wind und Sonne abhalten, in denen man aber weder die anderen sieht noch selbst gesehen wird. Die Menschen verschwinden in diesen Dingern wie in Häusern. Ich kann ihren praktischen Wert verstehen, aber ich mag sie trotzdem nicht. Auf mich wirken sie unsozial und ausgrenzend. Sie verschandeln die schöne, weißsandige Bucht wie Akne eine glatte Jungenwange und machen aus dem Strand eine abgezäunte Kleingartenkolonie. Jeder für sich.

Wahrscheinlich stört mich das deshalb so sehr, weil es die wunderbaren Erinnerungen an die langen Sommer meiner Kindheit ad absurdum führt: Damals war der Strand ein ausgesprochen offener, geselliger Raum.

Nicht zuletzt, weil die Schaabe selbstverständlich FKK-Gelände war.

Im Jahre 1921 erreichte den Landrat von Rügen eine Eingabe von Badegästen, die vehement forderten, das Nacktbaden und Nacktsonnen solle endlich verboten werden: »damit die Insel nicht von denen gemieden werden müsse, die noch Ehre und Anstand besitzen«.

Dabei gab es eine solche Polizeiverordnung eigentlich schon seit 1913. Sie ging so weit, selbst das Umziehen am Strand mit Strafe zu belegen. Das Problem war nur, dass sich offensichtlich keiner daran hielt.

Es ist der amtliche Beweis: Die Freikörperkultur hat eine lange Tradition an den Ostseestränden und geht mitnichten, wie viele glauben, auf die unbürgerlich lockere Moral der DDR-Bevölkerung zurück. Ebenso wenig, wie sie auch nur im Entferntesten etwas mit Exhibitionismus oder den Fantasien entfesselter Erotomanen zu tun hat. Nichts ist so unsinnig wie ein FKK-Strand. Wenn alle nackt sind, wird Haut zur Uniform, auf die niemand mehr sonderlich achtet. Als ich nach der Wende das erste Mal einen Mann mit Badehose an der Schaabe sah, kam mir das beinahe obszön vor. Übermäßig unangenehm berührt, starrte ich auf das textile Dreieck zwischen

94

seinen Beinen. Mit freiem Gemächt wäre ihm das nicht passiert.

»Schwedisches Baden«, wie das Strandleben ohne Bekleidung anfänglich auch genannt wurde, kam um die vorletzte Jahrhundertwende in Mode. Der Nudismus ist im weitesten Sinne mit den anderen alternativen Befreiungsbewegungen jener Zeit verwandt: neuartigen Ernährungslehren, Wandervereinen, Volkssportbewegung, Kneippkuren, aufkommender Esoterik und so weiter. Der erste offizielle FKK-Verein Deutschlands wurde 1898 im Ruhrgebiet gegründet, obwohl das Zentrum des Nacktbadens immer schon eher an der Küste und um das liberale, experimentierfreudige Berlin herum lag.

In den Siebziger- und Achtzigerjahren, in denen ich aufwuchs, war das FKK-Baden überaus verbreitet und völlig normal. Keiner nahm daran Anstoß. Wer sich genierte, ging an den Textilstrand. So einfach war das. Die einzigen Textilien an den FKK-Stränden meiner Kindheit waren Stoffwindeln und schlabbrige T-Shirts. Die Windeln kamen als geknotete Vierzipfelhaube auf empfindlichen Männerglatzen zum Einsatz, als Capes auf den Rücken von Kleinkindern oder als wohltuend nasse Abdeckung auf verbrannten Körperstellen liegender Strandgäste. Wen es ganz schlimm erwischte, der trug ein T-Shirt. Auch Strandwanderer bedeckten damit gerne vorsichtshalber die Oberkörper, was sie stets ein bisschen aussehen ließ wie zu groß geratene, ihrem Töpfchen entflohene Zweijährige.

Neuankömmlinge waren immer gut an ihren leuchtenden Sonnenbränden zu erkennen. Besonders viel Spott ernteten diejenigen, welche schon vorgebräunt von den Textilständen ihrer Heimatorte kamen. Sie trugen am FKK, wie zur Buße für ihre Abtrünnigkeit, meistens noch tagelang weiter Bikini oder Badehose. In Krebsrot.

Ich war, wie schon meine Mutter und mein Großvater, von klein auf gewohnt, mich am Strand nackt auszuziehen, und ging nie gern angezogen ins Wasser. Badesachen fand ich äußerst unpraktisch. Sie ziepten und verrutschten ständig, man fror nach dem Schwimmen ewig in dem nassen Zeug und musste sich hinterher in erniedrigend komplizierten Handtuchprozeduren wieder anziehen. Wie viel einfacher ist das doch am FKK.

Der beliebteste Vorbehalt gegen FKK ist die »Zumutung«, die angeblich in der Präsenz von alten oder »hässlichen« Körpern besteht. »Ich bin Ästhet!«, heißt es in dieser Argumentation. Bedenkt man, dass die Freikörperkultur an der Ostseeküste maßgeblich durch Künstler vorangetrieben wurde, ist das eine reichlich anmaßende Aussage.

Das Argument der mangelnden Ästhetik sagt mehr über den aus, der es ins Feld führt, als über Nacktheit in großen Gruppen. Darin bricht sich die gleiche Körperfeindlichkeit Bahn, deretwegen Frauen sich Silikonkissen in den Busen nähen lassen, Männer sich ganzkörperepilieren, die Hälfte von beiden einem Waschzwang und alle dem Schlankheitswahn unterliegen.

Der einzige sinnvolle Grund, warum jemand zum Entspannen nicht an den bewiesenermaßen gesünderen, bequemeren und hygienischeren FKK-Strand gehen will, ist Schamhaftigkeit. Und das ist ein ausgesprochen guter Grund. Dafür muss sich niemand belächeln lassen. Scham ist ein tiefes, individuelles Gefühl, das jeden Respekt verdient.

Die Aussage dagegen, öffentliche Nacktheit sei nur makellosen Menschen gestattet, der Rest habe sich zu bedecken, empfinde ich als menschenverachtend, lebensverachtend und selbstverachtend.

Im Ostseebad Wustrow, dem Heimatort meiner Mutter, lebte seit 1919 die Bildhauerin und Malerin Hedwig Woermann, eine gebürtige Hamburger Reedertochter, Jahrgang 1879. Es hatte sie auf das Fischland gezogen, so wie sehr viele andere Künstler auch. Die meisten wohnten im Nachbarort Ahrenshoop.

Hedwig Woermann besaß in Wustrow ein altes Haus mit geschnitzten Pferdeköpfen am Giebel und zwei riesige schwarze Königspudel, mit denen sie bis ins hohe Alter im Sommer fast täglich über den Trampelpfad hinter der Seefahrtsschule an den Strand ging. Dort angekommen, entledigte sie sich ihrer Kleidung, verschwand im Meer, kam zurück, zog sich, ohne sich abzutrocknen, an und ging wieder in ihr Atelier. Selbstverständlich badete sie nackt. Ihre Königspudel saßen derweil auf den imposanten schwarzen, wallenden Gewändern, in die sich die Malerin hüllte, und bewachten sie. Neben ihnen lag der schwarze, wagenradgroße Strohhut, den sie stets mit einem Seidenschal auf dem Kopf hielt.

Meine Mutter war als kleines Mädchen von ihrem Anblick so gefesselt, dass sie ihr am Strand von Wustrow heimlich folgte, sobald sie die Dame mit ihren Hunden über die Düne schreiten sah. Aber nicht, weil der Körper der alten Frau sie geekelt hätte – sondern weil die nackte, achtzigjährige Hedwig Woermann schlicht eine Erscheinung war. Faszinierend, Respekt einflößend und wunderschön.

Jedes Alter hat seine Würde. Denn ein Mensch ist mehr als die Summe seiner Falten und Kilos.

In einem kuriosen literarischen Nachschlagewerk las ich kürzlich die Episode, der zufolge Johannes R. Becher, Haus- und Hofdichter der DDR, im Sommer 1951 eine unbekleidete Frau am Ostseestrand ohne Vorwarnung anbrüllte: »Schämen Sie sich nicht, Sie alte Sau?«

Woraufhin die Sonnenbaderin, deren Gesicht unter einem *Neuen Deutschland* verborgen gewesen war, sich aufsetzte und ihn verdutzt ansah. Es war Anna Seghers.

Zu Respekt und Höflichkeit erzogenen Leuten stellt sich schon hier die Frage, wer von den beiden eigentlich enthemmter war. Die Nackte oder ihr schreiender Angreifer. Denn abgesehen davon, dass diese Anekdote die Abneigung Bechers gegen das FKK-Baden zeigt, lässt sie auch ausgesprochen tief blicken, was seinen Charakter betrifft.

Der Eintrag steht unter »Sau, alte«.

Und er hatte ein Nachspiel.

Am 7. Oktober desselben Jahres, dem Tag der Republik, wurde Anna Seghers in einer großen Festveranstaltung feierlich der Nationalpreis 1. Klasse überreicht. Von niemand anderem als dem späteren DDR-Kulturminister Johannes R. Becher. Das Ministerium für Kultur der DDR wurde erst 1954 gebildet, vermutlich agierte Becher hier in seiner Funktion als Präsident des Kulturbundes. Oder man hatte sich für ihn entschieden, weil Anna Seghers und er sich bereits seit den Zwanzigerjahren kannten. Beide waren Gründungsmitglieder des Bundes proletarisch-revolutionärer Schriftsteller gewesen.

Als Becher mit den Worten »Meine liebe Anna« zu seiner Laudatio anhob, unterbrach ihn Anna Seghers und korrigierte freundlich, aber gut hörbar: »Für dich, Hans, immer noch die alte Sau.«

Ich hoffe inständig, dass diese Geschichte stimmt. Herr Becher hätte es verdient.

Die neue Zeit wäre wohl mehr nach seinem Geschmack gewesen. Vielleicht nicht politisch, doch auf jeden Fall moralisch. Seit der Wende wird die Freikörperkultur von den Stränden der Ostsee wieder weitgehend zurückgedrängt. Nicht selten müssen Nackte, wie zum Beispiel im freisinnigen Wustrow der Hedwig Woermann, heute an den Hundestrand ausweichen. Es hat mich jahrelang schockiert, dass und wie hier alte Traditionen verletzt werden. Inzwischen hab ich mich, zähneknirschend, daran gewöhnt. Wer zahlt, setzt sich eben durch.

Die Nachwendebesucher beschwerten sich vielfach bei den Tourismusbehörden über so viel Freizügigkeit, und wenn das nicht half, ignorierten sie die alten Gepflogenheiten und legten sich demonstrativ angezogen an den Nacktbadestrand – obwohl es neben jedem FKK an der Ostsee einen nahen Textilstrand gibt. Sogar an der Schaabe.

Das Problem ist, dass man sich am FKK unbekleidet nur so lange wohlfühlt, wie alle anderen es auch sind. Die Idee der Freikörperkultur fußt auf dem Prinzip der Gleichberechtigung, und es versteht sich von selbst, dass eine einzige Badehose das Konzept eines ganzen Nacktbadestrands außer Kraft setzt. War man vorher nackt, ist man nun entblößt. Das ist nicht dasselbe.

Ich habe mich wirklich bemüht, aber es ist mir bis heute nicht gelungen, zu verstehen, warum die neuen Gäste an den ehemaligen DDR-Ostseestränden sich nicht einfach, wie der Respekt es ihnen eigentlich hätte gebieten sollen, nach dem Motto des »Harzer Naturistenstiegs« verhalten haben: »Willst Du keine Nackten sehen, darfst Du hier nicht weitergehen.«

Jetzt ist es leider zu spät dafür.

»Frei ist der Mensch! Frei ist die See!«
Piraten auf Rügen

Wie alle Gegenden Norddeutschlands, die auf sich halten, beansprucht auch Rügen Klaus Störtebeker für sich. Meine Insel ist diesbezüglich vielleicht sogar noch ein wenig maßloser als andere, denn der Freibeuter soll den lokalen Überlieferungen nach nicht nur hier geboren, hingerichtet und begraben sein – nein, mit etwas Glück kann man ihn und seine ganze geköpfte Seeräuberbande auf Rügen sogar leibhaftig beobachten, denn sie gehen allnächtlich zur Geisterstunde von Bord ihres schwarzen Schiffes und zählen die Schätze, die sie in einer Höhle an der Stubbenkammer versteckt haben. Mal am Waschstein, mal in der Piratenschlucht.

Als ich den ersten Teil von *Fluch der Karibik* im Kino sah, war ich verblüfft. Exakt so, wie die Verfluchten der *Black Pearl* in einer Szene am Meeresgrund in leichter Zeitlupe aufmarschieren und dann entschlossen über die Ankertaue nach oben klettern, habe ich mir als Kind das Auftauchen der untoten Piraten im dunklen Nebel der Bucht an den Kreidefelsen vorgestellt.

Wer an den Spuk nicht glaubt oder sich nicht traut, der kann auch mit dem Störtebeker bei den gleichnamigen Festspielen in Ralswiek vorliebnehmen. Das ist zwar nicht der echte, aber dafür ist er irdisch. Ein Mann wie ein Baum, aus Fleisch und Blut, mit wallendem Blondschopf.

Der kleine Mühlhof, auf dem Störtebeker der Rügener Sage nach zur Welt kam, liegt fast genau zwischen den Halbinseln Jasmund und Wittow an einer Kurve, kurz vor Glowe. Er heißt Ruschvitz.

Auf meinem Weg nach Wittow fuhr ich immer direkt daran vorbei. Ich weiß nicht, warum ich die Namensverwandtschaft als Kind nie bemerkt habe. Vielleicht stand kein Schild an der Straße, das den etwas versteckt hinter Bäumen gelegenen Ausbau angezeigt hätte. Vielleicht war meine Aufmerksamkeit an dieser Stelle der Insel auch jedes Mal ganz meinem Dornröschenschloss Spyker zugewandt, das gegenüber am Bodden mit seinem verträumten Hinterland gut zu erkennen ist.

Es fiel mir jedenfalls erst nach der Wende auf, als ich längst selbst am Steuer eines Autos saß, dass der letzte Ort auf der Halbinsel Jasmund, rechter Hand zur See hin, Ruschvitz heißt. Seitdem grüße ich höflich, wenn ich vorbeifahre.

Vor einigen Jahren konnte man Ruschvitz komplett kaufen. Mitsamt den LPG-Stallungen, der verfallenen Mühle, allen Nebengebäuden und dem Gutshaus aus dem 19. Jahrhundert. Ich hätte es gern getan. Schon wegen der Adresse: Rusch, Ruschvitz, Rügen. Das wär was gewesen. Aber natürlich fehlte mir das Geld dazu. Ruschvitz ist nicht besonders malerisch; es liegt auch nicht sehr günstig, wenn man bedenkt, dass es von unzugänglichen Feldern und der Hauptverkehrsstraße begrenzt wird. Zum Meer hinunter sind es sicher 400 Meter quer über den Acker, und es gibt keinen feinen Sandstrand an dieser Stelle der Tromper Wiek. Nur Steine, Wald und Wasser. Für mich wäre es ideal gewesen, aber für Urlaubsgäste, die eine solche Großanschaffung hätten amortisieren müssen, nicht. Mit Ferienwohnungen kann man in Ruschvitz vermutlich kein gutes Geschäft machen. Trotzdem halte ich seitdem in regelmäßigen Abständen in Ruschvitz, stelle den Wagen am Feldrand ab und schaue nach, ob ich hier leben könnte. Eine Antwort habe ich bisher nicht gefunden. Als Klaus Störtebeker hier mutmaßlich geboren wurde, war das kleine Ruschvitz noch Teil von Gut Spyker. Heute gehört es, genau wie Spyker, zur Gemeinde von Glowe.

Wer Rügen besucht und es bis Glowe geschafft hat, der wird sich an Schloss Spyker erinnern. Es geht gar nicht anders, denn es ist so weithin sichtbar gelegen und mit seinen vier ebenmäßig runden Ecktürmen so herzzerreißend romantisch, dass man es unmöglich übersehen kann. Um das Schloss herum liegt ein kleines Parkgehölz, flankiert von Fliederbüschen und Rapsfeldern. Die Landschaft führt sanft hügelabwärts zum Spykersee, dahinter blinkt der Große Jasmunder Bodden. Sehr ruhig ist es dort, manchmal hört man nur Grillen, Frösche, Vögel.

Zu DDR-Zeiten war Spyker ein Ferienheim des Gewerkschaftsbundes, der die gesamte Insel fest in Beschlag hielt. Ich bin damals nie dort gewesen, nicht mal auf einen Spaziergang, was den Reiz des Geheimnisvollen in meinen Kinderaugen sicher noch erhöhte. Wie es sich für ein echtes Märchenschloss gehört, lag es da, in unerreichbarer Ferne. Ich hatte keinen Zweifel, dass stimmt, was man sich erzählte: nämlich, dass ein unterirdischer Gang von den Spyker'schen Kellergewölben aus drei Kilometer bis zu einem Totenfeld am Quoltitzer Opferstein führen soll. Es würde zu diesem verzauberten Ort passen.

Heute ist Schloss Spyker als Hotel wieder in Privatbesitz und geradezu ideal für Hochzeitsfeiern. Nicht nur wegen der unschlagbaren Poesie des Ortes und der übersichtlichen Zim-

meranzahl im Schloss, sondern auch wegen des Hochzeits-
baums. So werden zwei an der Krone zusammengewachsene
Kopfweiden genannt, die am Rand der Schlossauffahrt stehen
und einen schmalen Bogen formen. Der sagenhafte Hochzeits-
baum verspricht Brautleuten Eheglück und ewige Treue. Einfacher kann man dieses hehre Ziel wohl kaum erreichen: Das
Paar muss nur voll reiner Liebe im Herzen durch die Öffnung
im Stamm schreiten.

Die Wirkungskraft der knorrigen Weide scheint mit den
Jahrhunderten allerdings langsam nachzulassen. Ich kenne vier
Paare, die auf Spyker geheiratet haben. Drei davon sind längst
wieder geschieden. Von dem vierten habe ich lange nichts gehört.

Der Renaissancestil Spykers täuscht etwas darüber hinweg,
wie alt das Gemäuer tatsächlich ist. Erste Erwähnungen ge-
hen auf das Jahr 1318 zurück, also in die Zeit, kurz bevor Klaus
Störtebeker mit lautem Getöse die Bühne der Hanse betrat.
Damals war Spyker noch eine mittelalterliche Feste mit Burg-
graben. Erst sein berühmtester Besitzer, Carl Gustav Wrangel,
Heerführer und Staatsmann der schwedischen Krone, gab dem
Herrensitz Mitte des 17. Jahrhunderts sein heutiges Aussehen.
Wrangel ließ Spyker zum für damalige Verhältnisse modernen
Schloss umbauen, Stuck einziehen und es in Schwedischholz-
hausrot anstreichen.

Dass Spyker einem schwedischen Grafen gehörte und eine
Fassade in Falu Rödfärg besitzt, einer Farbe, die man überall in
Schweden, aber nirgends sonst auf Rügen findet, hat durchaus
seinen historischen Hintergrund.

Nach dem Westfälischen Frieden, der 1648 endlich den
schrecklichen Dreißigjährigen Krieg beendete, war ein Groß-

teil der deutschen Ostseeküste an Schweden gefallen. Fast 200 Jahre später erst, im 19. Jahrhundert, kam das Gebiet wieder in deutsche Königshände: Schweden musste es an Dänemark abtreten, und die Dänen tauschten es schnell bei den Preußen gegen das für sie günstigere Herzogtum Lauenburg.

Als ich wenige Jahre nach der Wende, ausgestattet mit exzellentem Wissen zur Geschichte der Arbeiterbewegung und Unterdrückung der werktätigen Massen, aber ansonsten unbedarft, beim Studium in Italien gleichaltrige Schweden kennenlernte, überraschten mich diese. Erstens hakten sie jedes Mal, für mich ebenso ungewohnt wie wohltuend, mit »Ost oder West?« nach, wenn ich erzählte, dass ich aus Berlin käme. Und zweitens verblüfften sie mich allesamt mit demselben Scherz. Sobald bekannt wurde, dass ich gebürtige Stralsunderin war, rief einer wie der andere fröhlich: »Ahhh, dann bist du ja gar keine Deutsche – dann bist du ja Südschwedin!«

Südschwedin, das gefiel mir gut, aber auf welche historische Wahrheit sich das bezog, verstand ich erst später. Als Kind wusste ich lediglich von einer vagen Verbindung der Schweden zu Stralsund. Schließlich gab es eine Gustav-Adolf-Büste am Rathaus und die alte schwedische Gedenkplatte in einer Backsteinmauer am Frankendamm, ganz in der Nähe unserer Straße. Außerdem wies meine Oma oft auf Kirchdächer, Fassaden, Stadtwallreste und sagte, diese oder jene Ausbesserung hätten »wieder die Schweden bezahlt, sonst wär's zusammengekracht«, und ich fragte mich jedes Mal, wieso die Nachbarn aus dem Norden sich eigentlich so selbstlos um unser langsam vor sich hin bröckelndes Stralsund kümmerten.

Ich weiß nicht, ob meine Großmutter mir diese Frage hätte beantworten können, aber ich bin sicher, dass die Stralsunder

Umstände jener Zeit der Grund sind, warum ich die Schweden insgeheim bis heute für das netteste Volk der Welt halte. Kurt Wallander und Co zum Trotz.

Auf den Begriff Schwedisch-Pommern stieß ich jedenfalls zum ersten Mal in meinem Leben an der Universität. Eher zufällig, weil ich automatisch die Ohren spitze, wenn es um Stralsund geht. Es ging um Stralsund. Und zwar da, wo ich es nicht erwartet hatte: in einer Vorlesung über Dramen der Deutschen Klassik.

In *Wallensteins Lager* reimt der ewige Schwabe Friedrich Schiller »Rühmte sich mit seinem gottlosen Mund« auf »Er müsse haben die Stadt Stralsund«, was metrisch nur dann wirklich sauber klingt, wenn man »Stralsúnd« betont. Dabei heißt die alte Hanseatin am Strelasund »Stráaalsund«. Mit langem a. Genau wie man »Störtebeeeker« sagt statt »Störtebäcker« und korrekterweise auch »Meeecklenburg« statt »Mäcklenburg«. Letzteres tangiert mich allerdings wenig, denn Stralsund, Rügen, der Darß, das Fischland, Usedom und Hiddensee, all die Ostseeorte meiner Kindheit, liegen in Vorpommern. Darum, wie man ihren Teil des Bundeslandes richtig ausspricht, sollen sich die Meeecklenburger ruhig selbst kümmern.

Anders, als ich es ursprünglich im Rahmen dieser Lehrveranstaltung vorgesehen hatte, brachte mich Schillers unechter Stralsund-Reim dazu, den *Wallenstein* doch von vorne bis hinten zu lesen. Wenn schon meine Heimatstadt darin vorkam. Im *Wallenstein* begegnete mir das erste Mal Carl Gustav Wrangel. Jener Mann, der sich im Kampf um Macht, Gott und Territorien so große Meriten erworben hatte, dass ihn seine Königin dafür nicht nur zum Grafen von Salmis erhob und vielfach belehnte (unter anderem eben mit Gut Spyker), sondern ihm auch noch die Stelle als Generalgouverneur von Schwedisch-Pommern überließ. Eine Funktion, die er bis zu seinem nicht ganz legendenfreien Tod 1676 auf Rügen innehatte.

Als Generalmajor der schwedischen Streitkräfte unter Gustav II. Adolf und später seiner Tochter Christina war Wrangel ein wichtiger militärischer Spielführer im Dreißigjährigen Krieg, und deshalb gebührt ihm selbstverständlich ein Auftritt in Schillers dreiteiligem Historiendrama. Dort, im ersten Aufzug von *Wallensteins Tod* (1799), sagt Wrangel einen Satz, der für mich zum Schönsten gehört, was Schiller geschrieben hat – und es geht sogar um mein Stralsund:

> Wallenstein.
> Ein Wrangel war's, der vor Stralsund viel Böses
> Mir zugefügt, durch tapfre Gegenwehr
> Schuld war, daß mir die Seestadt widerstanden.
>
> Wrangel.
> Das Werk des Elements, mit dem Sie kämpften,
> Nicht mein Verdienst, Herr Herzog! Seine Freiheit
> Verteidigte mit Sturmes Macht der Belt,
> Es sollte Meer und Land nicht einem dienen.

»Seine Freiheit verteidigte mit Sturmes Macht der Belt, es sollte Meer und Land nicht einem dienen!« Ich weiß nicht, ob und wie gut Schiller die See kannte, aber eines war ihm ganz gewiss vertraut: der Wunsch nach Freiheit.

Sein Bild des Unterwerfung und Knechtschaft trotzenden Meeres traf mich damals mitten ins Herz, denn es entsprach einem Gefühl, das ich selbst sehr gut kannte. Auch wenn es meinen Alltag nicht mehr so stark begleitete wie in den letzten Jahren vor dem Mauerfall, in meinem Unterbewusstsein konnte ich es doch noch deutlich pochen hören. Phantomschmerzen sind die schlimmsten.

»Frei ist der Mensch! Frei ist die See!«, ruft der Doktor bei Klabund.

Was anderes soll ein Pirat auch fühlen? Er sieht die Freiheit jeden Tag in der verheißungsvollen Weite des Wassers. Doch er weiß wohl, dass sie nur eine Illusion ist. So wenig greifbar wie der Horizont. Je näher man ihr kommt, desto flüchtiger wird sie. Unwirkliche Materie, die zwischen den Fingern zerrinnt.

Wen Klabund den »Doktor« nannte, wird der berüchtigte Vitalienbruder Magister Wigbold gewesen sein, einer von Störtebekers zwei bekanntesten Kumpanen. Der andere hieß Gödeke Michels. Geköpft wurden sie alle drei. Nur nicht alle zusammen. Gödeke und Wigbold fasste man erst ein Jahr nach Störtebeker und richtete sie hin. Ob wirklich 1401 und 1402 auf dem Grasbrook in Hamburg, ist nicht sicher. Die meisten Geschichten, die sich um die berüchtigten Likedeeler ranken, sind nichts anderes als Vermutungen und Gerüchte.

In diese Kategorie fällt auch die Sage, nach Störtebekers Enthauptung sei sein Leichnam auf Tollow, einem Inselchen ganz im Süden Rügens in der Maltziener Wiek, verscharrt worden. Das winzige, unbewohnte Eiland wird von der Halbinsel Zudar beinahe komplett umschlossen, was aus Zudar so etwas Ähnliches macht wie den Klapperstein unter Rügens Halbinseln. Aber nachdem nun schon jahrhundertelang Schatzjäger, Piratenfans und Heimatforscher dort vergeblich nach den sterblichen Überresten, insbesondere dem gepfählten Schädel Störtebekers gesucht haben, muss wohl hingenommen werden, dass die einzigen Seeräuber auf Tollow die Mitglieder der ortsansässigen Kormorankolonie sind.

Der Name Störtebeker, der nichts mit dem braven Handwerk der Brotbäcker zu tun hat, leitet sich wahrscheinlich vom Herunterstürzen eines vollen, großen Bechers ab und verweist auf die Trinkfestigkeit des Mannes. Genau diese soll ihm in seiner Jugend in Ruschvitz zum Verhängnis geworden sein.

Der Weg von Klaus (oder Klaas, wie man an der Küste sagt) Störtebeker zum meistgefürchteten Seeräuber seiner Zeit war nicht vorgezeichnet, sonst müsste man seinen Eltern schon einigen Humor unterstellen, ihn ausgerechnet nach dem heiligen Nikolaus benannt zu haben, dem Schutzpatron der Seefahrer. Immerhin brachten die Vitalienbrüder die Handelsschifffahrt auf der Ostsee zeitweise fast ganz zum Erliegen.

Geboren und aufgewachsen als Sohn eines Bauern, wäre Klaus wohl weiter Knecht auf Gut Spyker geblieben, wenn er sich nicht eines Tages an den Biervorräten seines Herrn vergriffen hätte, worauf er unangemessen hart gezüchtigt wurde, renitent zurückschlug und dann mit einem kleinen Fischerkahn aufs Meer entwischte. Kurz vor Kap Arkona traf er auf eine gekaperte Kogge, die ihn an Bord nahm. Nach mehreren Kraftproben, bei denen Zinnschüsseln, Hufeisen und weitere Humpen Bier zu Schaden kamen, wurde Störtebeker in den Kreis der Piraten aufgenommen.

Wohin hätte er auch sonst gehen sollen? Seeräuber wurde man damals so wenig wie heute aus Romantik. Um die Freiheit allein dürfte es den Likedeelern nie gegangen sein, Geld und Gesellschaftsdogmen haben vermutlich eine ebenso wichtige Rolle gespielt. Dass Störtebeker und seine wilde Meute uns bis heute derart lebhaft in Erinnerung sind, hat damit zu tun, dass sie im Laufe der Jahrhunderte nach und nach zu Sozialrevolutionären stilisiert wurden. Misshandelte, geknechtete Freibeuter, die sich selbst zum Gesetz machten, den Reichen nahmen und den Armen gaben. Untereinander teilten sie gerecht. Sie trugen die Redlichkeit schon im Namen: Likedeeler, Gleichteiler. Verbürgt ist davon nichts. Doch Legenden leben nicht von Zahlen, Daten und Fakten.

Den guten Menschen spiegelt auch die berühmte Hinrichtungsszene Störtebekers in Hamburg. Die Rügener Sagenwelt verlegt dieses Ereignis auf eine langweilige kleine Lichtung in der Stubnitz, dem großen Jasmunder Buchenwald, aber diese Version ist natürlich längst nicht so schillernd wie die Geschichte von Störtebeker, der seine Mannschaft zu retten sucht, indem er, bereits enthauptet, noch einen nach dem anderen abschreitet, bis ihm der Scharfrichter ein Bein stellt und der Rumpf des tapferen Korsaren endgültig leblos zu Boden sinkt.

Das ist starker sentimentaler Tobak und medizinischer Unsinn – aber der Stoff, aus dem Träume sind. Der Reiz von Störtebeker ist bis heute der eines Helden, welcher mit seinem gerechten Kampf gegen die hanseatischen Pfeffersäcke, denen das Geld sowieso schon zu den Ohren rauskam, glücklos, aber in Ehren unterging. Ein Robin Hood der deutschen Küsten. Solidarisch noch im Tod. Als Kinder wollten wir alle sein wie er. Mutig, stark und unbestechlich.

Ungewöhnlich weit in ihrer Verehrung ging dabei eine Freundin aus Wismar. Sie erzählte mir, dass sie als kleines Mädchen ihren Vater jedes Mal, wenn er einen Hahn schlachtete, zwang, diesen vor dem Ausbluten noch so lange ohne Kopf auf dem Hof herumtorkeln zu lassen, bis er von selbst umfiel. Sie glaubte, auf diese Weise herausfinden zu können, ob es Störtebeker ohne den Trick des hinterhältigen Henkers vielleicht doch noch gelungen wäre, alle seine dreiundsiebzig Freunde vor dem Schwert zu retten. Heute ist sie Vegetarierin. Frei ist der Mensch! Frei ist die See! Kikeriki.

Wismar ist übrigens die Stadt unter den gut zwei Dutzend selbst ernannten Herkunftsorten Störtebekers zwischen Friesland und Pommern, die historisch am ehesten dafür infrage käme. Zumindest ist dort 1380 ein Nicolao Stortebeker im *Wismarer Buch der Ächtungen* amtlich verzeichnet. Danach taucht er jahrzehntelang, meistens zusammen mit einem Godekkin Mighel, immer wieder in Klageschriften beraubter Könige und Kaufleute auf. Gegeben hat es uns' Klaas also auf jeden Fall.

Das schöne Märchen vom ehrenhaften Seeräuber wird auch bei den Störtebeker-Festspielen in Ralswiek weitergetragen. Natürlich, denn genau deswegen kommen die Leute dorthin. Niemand will einen vogelfreien Kriminellen sehen, der sich die Taschen aus Not oder Gier vollschlägt und ganze Schiffsbesatzungen wie Heringsreste achtlos über Bord wirft. Die Zuschauer wollen Störtebeker, den Rächer der Armen und Entehrten.

Für die aufwendigen Seeräuber-Freiluftinszenierungen ist die Naturbühne Ralswiek der ideale Ort auf Rügen. Schloss Spyker liegt schräg gegenüber. Man kann es in den laubtragenden Jahreszeiten zwar nicht sehen, aber es bildet zusammen mit Ruschvitz, das auch ohne Bäume von dort nicht zu erkennen wäre, und dem dahinter zu ahnenden Meer die Fernkulisse der Festspiele.

Der Jasmunder Bodden ist ruhig, mit blaugrauem Wasser und zartgrünem Schilf. Überall säumt vielfarbig der Wald die

Ufer. Vor Ralswiek ist der Bodden so flach, dass Angler hundert Meter weit hineinwaten können, was vom Hafen und von der kleinen Parkanlage ein bisschen aussieht, als würden sie über das Wasser laufen. Hier kann man sehr gut nachgebaute Koggen von Kanonen getroffen in Feuersbrünsten aufgehen lassen, Rauchbomben zünden, verwegen die Säbel schwingen, auf echten Pferden um die Wette jagen oder sonst wie für Seeräuberromantik sorgen.

Seit die Naturbühne aus den Fünfzigern 1993 wieder aktiviert wurde, ist der Ort ganz und gar auf Piraten eingestellt. Schon vor der Abfahrt zum gewundenen Kreiselweg, der hinunter auf Boddenhöhe führt, kündigt ein großes Schild an: »Ralswiek – Gemeinde der Störtebekerfestspiele«.

Der heute sehr kleine, idyllische Ort war in der Zeit der Ranen das mächtige Handelszentrum der Insel. Geschützt am Bodden gelegen, aber doch nah genug an der offenen See.

Die einstige Bedeutung Ralswieks hat 1973 endgültig der Dirham-Schatz bewiesen, der hier bei Ausgrabungen im alten Hafengebiet gefunden wurde. Er war fast drei Kilo schwer und bestand aus persischen und arabischen Silbermünzen, die alle vor 850 nach Christus geprägt wurden. Die ältesten sind von 459 nach Christus. Neben dem materiellen Wert, den ein solcher Fund besitzt, zeigt er auch, wie weitreichend die Handelsbeziehungen Rügens damals waren.

Davon kann inzwischen keine Rede mehr sein. Ralswiek setzt heute nur noch auf eine Beziehung, und das ist die zu den Seeräubern. Eine der vier Dorfstraßen heißt Störtebekerweg, die Kneipen tragen Namen wie *Zum Likedeeler* oder *Zum Störti – Gasthaus der Piraten.*

Auf dem Parkplatz am Hafen steht ein weiß gekalktes Häuschen, das von einer Seite eine öffentliche Toilette und von der anderen ein Souvenirgeschäft ist. Unter einem ordentlich geschnittenen Strohdach preist ein Schild in riesigen Lettern »Regenponchos, Regenmäntel, Sitzkissen, Souvenirs« an. In dieser Reihenfolge.

Der Verkaufsbereich des Souvenirladens ist winzig, aber was da auf engstem Raum in Regale, Winkel, Schaufenster, auf den Boden, unter die Decke, in Aufsteller und Drehständer gestopft wurde, ist wirklich spektakulär. Ich habe noch nie in meinem Leben eine solche Menge an umwerfendem, charmantem, hässlichem und absurdem Kitsch auf einem Haufen gesehen.

Und ich weiß, wovon ich rede, denn ich bin Expertin. Ich war schon als Kind verrückt nach Souvenirs. Nicht kaufen, nur kucken, aber das dafür richtig.

Meine Manie hat sich mittlerweile dahin gehend ausgewachsen, dass ich immer öfter das Museum auslasse und einfach direkt in den Museumsshop gehe. Obwohl ich selten etwas mitnehme, ist mit den Jahren doch einiges zusammengekommen. Glücklicherweise habe ich sehr viele Bücherregale, da fällt der ganze Kram nicht sofort auf.

Ein alter Freund von mir besaß früher eine Kiste, auf der stand »Dinge«. Darin lagen Dinge. Manche schön, manche interessant, alle nutzlos. Dekoration eben. Als mich seine Frau eines Tages fragte, ob ich eigentlich auch eine solche Dingekiste besäße, und ich gerade antworten wollte: »Nein, ich –«, unterbrach mich der Freund mit der Auskunft: »Claudia hat keine Dingekiste. Sie *wohnt* in einer Dingekiste.«

Ich mag meine Dinge. Sie sind meistens klein, kommen aus der ganzen Welt, und jedes Stück hat eine eigene Geschichte, die mit meiner irgendwie verbunden ist. Sie lassen sich ziemlich genau in zwei motivische Gruppen einteilen: Katzen und Meer. Von beidem, insbesondere Letzterem, kann man im Souvenirgeschäft von Ralswiek reichlich finden. Und nicht nur das. Neben Rügensouvenirs in wildesten Ausführungen, von Bernsteinschreibtischsets bis zu wandtellergroßen Kühlschrankmagneten, findet man dort eine wahrhaft exorbitante Kollektion an maritimem Kitsch. Dutzende Leuchttürme aus Holz, Gips, Metall, Plaste, Glas, Bernstein, Möwen in allen Variationen, Themenalkohol wie *Wodka Titanic*, Küstenschnäpse oder Sanddornlikör, Seejungfrauen, Strandkörbe, Steuerräder, Rettungsringe, Ferngläser, Seemannsknoten, Anker, Kapitänsmützen (lose oder auf Tierfiguren), Muscheln, Seesterne, Tintenfische, Krabben, Krebse, Robben, Fische, von denen der tollste eindeutig ein tischtennisballgroßer, lackierter Kugelfisch war. Mit aufgeklebten Wackelaugen und passendem Strohhut. Darauf muss man erst mal kommen.

Neben der Rügener Fahne mit dem Schwarzen Löwen (Katze!) auf Blau, Gelb und einem Stufengiebel aus Backstein weht in Ralswiek natürlich die Piratenflagge. Denn das Unterhaltsamste an der Ralswieker Souvenirauslage ist, dass selbstverständlich auch hier versucht wird, mit dem Störtebeker-Image zu punkten. Da findet sich nun alles, was man sich vorstellen kann – und manches, was man sich lieber nicht vorstellen will. Gelegentlich ist beides kombiniert.

Piraten in wirklich jeder Größe, Form und Farbe, der längste davon hüfthoch, in einem Schatz stehend, den Säbel gezückt, mit dem Holzbein fordernd aufstampfend. Tücher mit Schädeln vor gekreuzten Knochen, Robbenbabys, Möwen und Wikinger im Korsarenlook, Teddys in coolen Muskelshirts, mit

Lederweste, Kopftuch und Augenklappe (womit sie durchaus auch als Hells-Angels-Kuscheltier durchgehen würden), Aufkleber, Feuerzeuge, Armbanduhren, Schnapsgläser, Schlüsselanhänger, Windsäcke, Fingerhüte, Säbel, Kartenspiele, Kreolen, Schmuck, Klebetattoos, Schiffe, Tassen, Kostüme und so weiter. Das reinste Piratenparadies.

Natürlich habe ich in Ralswiek etwas gekauft. An den Piraten kam ich gefahrlos vorbei, an den anderen Sachen schon schwerer. Als ich schließlich eine kleine Sturmmöwe entdeckte, die Originalgeschrei von sich gibt, wenn man ihr auf den Bauch drückt, wurde ich endgültig schwach. Ich war einfach zu hingerissen von dem putzigen Plüschvogel.

Ich habe ihn später einer ausgewachsenen Möwenphobikerin geschenkt. Sie hat sich sehr gefreut, man soll sich schließlich seinen Ängsten stellen. Seitdem hängt die auf Knopfdruck kreischende Seeräuberin aus Ralswiek an einer Schreibtischlampe in der Hamburger Speicherstadt. Ob das einen Therapieeffekt hat, muss sich noch zeigen.

Die Geister der Stubnitz.
An den Jasmunder Kreidefelsen

D en nordöstlichen Teil Rügens bildet die Halbinsel Jasmund. Damit sie von Rügen nicht abdriftet, greift sie an beiden Enden ihres Halbrunds mit je einem kräftigen Arm nach dem Rest der Insel. Im Westen verbindet die Schaabe Jasmund mit Wittow, unterhalb von Sassnitz bildet die Schmale Heide den Übergang nach Süden, knapp fünfzehn Kilometer vor Mönchgut. Wie in einem Reigen umtanzen die drei großen Halbinseln, verbunden durch die Nehrungen, den Inselkern. Jasmund vergnügt in der Mitte.

Kein Wunder. Die Halbinsel hat Grund zu guter Laune, denn wer nach Rügen fährt, der kommt nach Jasmund. Es soll Besuchergruppen geben, die vom Festland aus direkt hierher gekarrt werden, einen kurzen Spaziergang machen, danach umgehend zurückfahren und trotzdem das Gefühl haben, sie hätten Rügen gesehen. Weit gefehlt.

Aber verständlich. Denn auf Jasmund befindet sich die berühmteste Attraktion Rügens: die Kreidefelsen. Sie gelten als das meistfotografierte Motiv der Insel, obwohl ich persönlich glaube, dass auch Sonnenuntergang und junge Frau am Strand ziemlich weit vorn rangieren. Doch das kann man überall haben, die Kreidefelsen dagegen nicht.

Es wäre leicht, sie abzutun als überschätzten Touristenmagnet, zu dem seit Caspar David Friedrich jeder pilgern muss, der noch halbwegs, und sei es auf einen Stock gestützt, laufen kann. Eine von Reisebusladungen geschwemmte, allzu offensichtliche Sehenswürdigkeit, die Einheimische und Kenner meiden, weil sie es besser wissen.

Aber so ist es nicht.

Denn die Wahrheit ist: Die Kreidefelsen Rügens sind atemberaubend. Kraftvoll, erhaben und elegant. An ihnen hat die Schöpfung gezeigt, was sie kann. Auch nach zwanzig Jahren freier Welt und dem x-ten Besuch dort oben gehören sie zum Schönsten, was ich jemals gesehen habe.

Allein die Farben hauen mich jedes Mal um. Das Weiß der Kreide, das Blau des Himmels, die wildgrüne, offene See, am Ufer gesprenkelt von rotbraunen Algen. Von hinten leuchtet silbern der uralte Buchenwald und mischt sich mit dem einzigartigen, besonderen Licht, das es nur an windreichen Küsten gibt und das man nie wieder vergisst.

Vor dem Anblick einer solchen Natur spielt es keine Rolle, wie viele Leute mit dir dort sind; da bist du ganz allein und gefangen von der endlosen Schönheit zu deinen Füßen. Wer dem widerstehen kann, hat kein Herz.

Bleich und mächtig lehnen die Kreidefelsen am Ufer und trotzen stoisch den stetig währenden Angriffen der See, die sich seit neunzig Millionen Jahren an ihnen reibt und die ganze Pracht nach und nach abträgt. Erbarmungslos wäscht das Wasser weg, was es kriegen kann. Nicht selten sind riesige Brocken darunter, an denen zuweilen halbe oder ganze Bäume hängen. Mannshohe Findlinge rutschen aus dem Kliff an den Strand. Kleines Geröll sowieso. Tonnenweise Fossilien, Muscheln, Feuerstein. Nirgendwo auf Rügen liegen mehr Versteinerungen als am Fuß der stolzen Steilküste von Jasmund. Man muss sich eigentlich nur bücken.

Aber nur selten gelingt es dem Meer, der weichen Kreide mit einem Ruck 50 000 Kubikmeter Sediment zu entreißen wie beim Absturz der Wissower Klinken im Jahr 2005. Oder 20 000 Kubikmeter wie im April 2008 nahe dem Kieler Bach. Oder 150 000 wie im Frühjahr 1981 kurz vor der Ernst-Moritz-Arndt-Sicht.

Hauptverursacher von Abbrüchen dieser Größenordnung ist allerdings weniger das Wasser von unten als das von oben. Starke Regenfälle lockern den Boden bedenklich. Wenn es dann in der kalten Jahreszeit noch Frost gibt und das in der porösen Kreide steckende Regenwasser gefriert, hat der nächste Sturm leichtes Spiel.

Doch selbst in der Zerstörung liegt Schönheit. Wenn sich die gestürzten Kreidemassen langsam in der See auflösen, färben sie das Wasser monatelang weiß wie Milch. Ein Bild von traurig-zarter Poesie.

Die meisten Abbrüche finden im Winter und Frühjahr statt, aber an der Kreideküste können Unwetter auch im Sommer gefährlich werden. Wer bei einer Wanderung in heftigen Niederschlag gerät, sollte den Steinstrand oder den Hochuferweg, der oft nur ein, zwei Meter neben dem schönsten aller Abgründe entlangführt, tunlichst verlassen. »Ostsee auf eigene Gefahr« ist alles andere als eine leere Warnung der Kurbehörde. 2002 starb eine junge Frau bei einem harmlosen Strandspaziergang in der Nähe von Göhren, weil ein Teil der Steilküste über ihr plötzlich abbrach und das schwere Gemisch aus Steinen und Erde sie unter sich begrub.

Natürlich wissen meine Eltern um dieses stete Risiko. Vor

allem meine Mutter, die zwar nicht auf Rügen, aber an einer anderen, noch erosionsempfindlicheren Steilküste der Ostsee groß geworden ist. Auf dem Fischland zwischen Wustrow und Ahrenshoop wird trotz Wellenbrechern und Buhnen ein knapper Meter pro Jahr abgetragen. Angelandet wird das meiste ein paar Kilometer östlich am Darßer Ort und vor dem Bock oberhalb Barhöfts. Dort braucht es allerdings keiner.

So hat meine Mutter, wie alle Einheimischen, aus Erfahrung großen Respekt vor den Naturgewalten und scheuchte uns beinahe hysterisch in den Wald, als wir eines Sommertages Mitte der Achtzigerjahre auf Höhe des Kollicker Leuchtfeuers von einem ebenso jähen wie gewaltigen Unwetter überrascht wurden.

Es war bis dahin eigentlich ein schöner Ausflug gewesen. Nach zwei Wochen Strand hatte mein Vater darauf bestanden, dass wir mal etwas anderes unternahmen. Er wandert sehr gern, und so wurden Stullen geschmiert, es wurde Sonnencreme eingepackt und ein Tag in der Stubnitz anberaumt. Der Trabant wurde in Sassnitz geparkt, und wir liefen unten am Wasser los in Richtung der vom alten Hafen gut elf Kilometer entfernten Stubbenkammer.

Stubbenkammer nennt man den Teil der Kreideküste zwischen Sassnitz und Lohme, wo der Königsstuhl und die Victoriasicht liegen. Die Stubnitz wiederum ist das uferflankierende, weit ins Hinterland der Halbinsel reichende Waldgebiet. Zusammen mit den historischen Kreidebrüchen bei Gummanz, den Mooren, Wiesen und einem kleinen, sagenumwobenen See bilden Gestade und Stubnitz den Nationalpark Jasmund. Er ist der kleinste der vierzehn Nationalparks Deutschlands – aber mit knapp 3000 Hektar immer noch groß genug, dass man darin wie Hänsel und Gretel vom Wege abkommen und sich im Wald verirren kann.

Der Weg zum Königsstuhl ist am Strand entlang etwas kürzer als auf dem Hochufer, weil er flach am Meer verläuft und nicht wie oben ständig auf und ab durch Schluchten und über Bäche führt. Allerdings ist er darum nicht weniger anstrengend. Spaziergänge auf Feuersteinen soll man, wie gesagt, nicht unterschätzen.

Man kann den Weg von Sassnitz zur Stubbenkammer auch variieren. Hochuferweg und Strand sind durch drei Abstiege über stabile Holztreppen miteinander verbunden. Der erste Abstieg befindet sich gleich in der Piratenschlucht, der zweite ungefähr in der Mitte am Kieler Bach und der dritte direkt hinter dem Königsstuhl.

Von den Kreideformationen, die man am Kliff abläuft, liegt die mit Abstand berühmteste in der ersten Hälfte der Strecke: die Wissower Klinken, die es durch Caspar David Friedrich zu Weltruhm gebracht haben. Als diese bizarr geformten Felsvorsprünge im Februar 2005 endgültig abbrachen und nur einen verschwindend kleinen Rest ihrer Herrlichkeit zurückließen, rührte ihr Schicksal die ganze Nation. Eines der größten Motive der deutschen Romantik, einfach dahin.

Dabei hat Rügen mit den Wissower Klinken, was das Gemälde Caspar David Friedrichs betrifft, etwas verloren, das es nie besaß. Der Künstler kann die Wissower Klinken nicht gemalt haben, weil es sie, als sein Werk 1818 entstand, noch gar nicht gab. Sie sind erst von späteren Herbststürmen in die Kreide gerissen worden.

Caspar David Friedrich malte seine Bilder, wie viele Künstler, nicht nach realen Landschaftsblicken, sondern nach Skizzen, und schuf so am Ende nie Abbildungen, sondern Spiegelungen seiner Fantasie. Die gute Nachricht ist also: Die Kunstwelt hat keine Originalvorlage verloren. Die schlechte ist: Die Wissower Klinken sind trotzdem weg.

Einen gut gefüllten Rucksack voller Fundstücke und viele Verschnaufpausen später hatten meine Eltern und wir Kinder uns auf unserer Wanderung bis zum Königsstuhl getrödelt. Dort angekommen, ruhten wir zufrieden aus, aßen zu Mittag und machten uns dann gestärkt oben entlang der Steilküste auf den Rückweg nach Sassnitz.

Damit war der beschauliche Teil des Tages vorbei. Ein abrupt einsetzendes Unwetter, wie es nur am wechselhaften Seehimmel innerhalb von Minuten aus dem Nichts aufziehen kann, zwang uns, eiligst den vertrauten Uferweg zu verlassen.

Angetrieben von meiner besorgten Mutter, rannten wir in den Wald. Über uns tobte das Gewitter und peitschte die hohen Kronen der Buchen. Blindlings wichen wir Pfützen und Schlamm auf der Suche nach trockenen Pfaden aus. So gerieten wir auf unserer überstürzten Flucht immer tiefer ins Gehölz und verloren irgendwann in den Hinterzimmern der Stubnitz, irgendwo auf den matschigen Wegen kreuz und quer unter dem wasserschweren Laubwerk der Bäume, ganz die Orientierung. Einen Moment lang waren wir alle nicht sicher, ob wir jemals wieder hinausfinden würden. Nie zuvor hat mir ein Wald solche Angst eingeflößt.

Am Ende sind wir dem hartnäckig tropfenden Dickicht heil entkommen, doch es verstrichen noch geschlagene vier Stunden, bis wir endlich das Auto erreicht hatten. Wir waren nass, durchfroren, müde, hungrig und sehr erleichtert. Meine Mutter, die von Hause aus mehr der faule Strandtag-Typ ist, zitterte vor Wut.

Im nächsten Jahr gingen mein Vater und ich alleine an den Kreidefelsen spazieren.

Unserer verregneten Wanderung durch die Stubnitz folgten noch viele. Doch nie wieder habe ich mich so verirrt wie damals, denn ich bleibe seitdem sicherheitshalber stets in Blickkontakt mit der Küste. Darauf achte ich nicht nur, weil die vielen Waldwege im Innern der Stubnitz selbst im Trockenen unübersichtlich sind, sondern vor allem, weil der wunderschöne, meterhohe Rotbuchenwald im Nationalpark Jasmund ausgesprochen unheimlich sein kann.

Und das sage ich als jemand, der im Alter von fünf Jahren vom Ostseestrand direkt in den Brandenburger Forst expediert wurde und dort zwischen Wildschweinen und Blaubeeren in einer abgelegenen Waldsiedlung aufwuchs. Ich weiß, wie ein durchschnittlicher mitteleuropäischer Wald aussieht. Und ich weiß, wie er sich anhört. Mit der Stubnitz hat das nicht viel zu tun.

Offenes Meer und tiefer Wald treffen selten so unmittelbar aufeinander wie an der zerklüfteten Kreideküste Jasmunds. Auf Luftbildern sieht man die Bäume dunkelgrün und ungeduldig über den Rand des Hochufers drängen. Sie stehen so nah an den bis zu 120 Meter tiefen Abhängen, dass ihre Wurzeln aus der weichen Kreide ragen wie Skelette in der Sommerfrische. An der äußeren Kante der Ernst-Moritz-Arndt-Sicht balanciert eine Buche in derartig akrobatischer Schieflage über dem Meer, dass schon Wetten abgeschlossen werden, wann sie nun endlich fällt. Vermutlich hält sie aus bloßem Trotz seit

Jahrzehnten durch. Vom Meer aus erinnert sie an eine Galionsfigur.

Die Nachbarschaft der See fügt der normalen Geräuschkulisse eines Waldes ungewöhnliche, atmosphärisch verstörende Töne hinzu. Instinktiv nimmt man wahr, dass sie dort nicht hingehören. Das schrille Schreien der Möwen über dem Meer. Das Rollen der Brandung, das mit dem freundlichen Plätschern von Waldbächen keine Ähnlichkeit hat. Das Typhon vorüberziehender Schiffe.

Das bizarrste Geräusch in der Stubnitz jedoch ist das Krachen. Es ist viel mächtiger als das leise Knacken, welches Schreckhafte in jedem Wald zusammenzucken lässt. Hier an der Steilküste pfeift der Seewind mit Wucht durch die hohen Bäume und treibt ihre Kronen auseinander, als wären sie Korn auf dem Feld. Die gebeutelte Stubnitz wiegt sich nicht sanft im Wind, sie windet sich verzweifelt im Sturm, und ihr Ächzen erfüllt die Luft. Wenn man sich darauf einlässt, kann es einem kalte Schauer über den Rücken jagen.

Doch Forst und Meer bilden nicht nur akustisch ein einzigartiges Ensemble. Auch optisch ist es unverwechselbar.

Mit dem starken Astwerk ihrer Kronen bilden Buchen stets einen nach oben geschlossenen Raum, Buchenhalle genannt. Darunter hat Unterholz der Lichtarmut wegen kaum eine Chance, weshalb es an manchen Stellen aussieht, als hätte jemand zwischen den Buchen aufgeräumt, Büsche und wuchernde Schösslinge sorgsam entfernt, das rostrote Laub aber, das den Waldboden wie ein Flokati bedeckt, vergessen.

Dieses Bild wird noch ergänzt durch das Lichtspiel der im Ostseewind unruhig schwankenden Bäume. Hinter ihren im Spalier an der Steilküste aufgereihten Stämmen flimmert das

Wasser, der Himmel blinzelt in hellblauen Fetzen herunter ins Dunkel, und wenn die Sonne doch mal durch das aufgewühlte Blätterdach fällt, taucht sie alles in pures Gold.

Das ist so wunderschön und so typisch, dass es sehr einfach war, die Stubnitz auf dem gerahmten Foto in der Küche einer Freundin wiederzuerkennen, obwohl der Bildausschnitt nichts zeigte als ein paar Baumstämme auf gewelltem, laubbedecktem Waldboden. »Schön. Rügen«, stellte ich fest, was unsere Dritte im Bunde nicht weniger verblüffte als die ungerührte Reaktion der Fotobesitzerin: »Hm, klar.«

Es überrascht nicht, dass sich um so viel verwunschene Natur allerlei Sagen ranken. Schon Tacitus spricht davon in der *Germania:* »Est in insula Oceani castum nemus.« – »Auf einer Insel im Meer liegt ein heiliger Hain.«

Was Tacitus 98 nach Christus aufschrieb, erzählt man sich, ein wenig ausgeschmückter, bis heute noch. Der Wohnsitz der großen Erdmutter Hertha sei hier am Königsstuhl gewesen, der noch erhaltene Wall der Herthaburg soll es beweisen. Im nahe gelegenen Herthasee habe die Göttin gebadet, wobei die Diener, die ihr dabei behilflich waren, hinterher im Wasser ertränkt wurden.

Tacitus belässt es dabei. Der Volksglaube nicht. Das durchgepustete Laubwerk der Bäume etwa säuselt nicht einfach traumatisiert vor sich hin, sondern teilt etwas mit: den Willen der Erdenmutter. Insbesondere die vor Kurzem unter dem Gewicht ihrer Jahre endgültig in sich zusammengefallene, einst riesige, frei stehende Herthabuche habe ihr als Sprachrohr gedient: Im Rauschen der Blätter habe die Göttliche sich dem Priester offenbart, der aus dem, was er verstand, die Zukunft orakelt habe.

In mondhellen Nächten sollen Elfen um die alte Buche getanzt sein, nachdem auch sie sich zuvor im See beim Bade erfrischt hatten, was sie im Gegensatz zu Herthas Gesinde schadlos überlebten.

Anders als der unweit befindliche Sagenstein, dem eine verwickelte Geschichte um eine schwach gewordene, schwangere Jungfrau anhängt, die in den Diensten der Göttin steht und von jener erst angeprangert, dann aber doch gerettet wird, ist der deutlich berühmtere Opferstein im Herthawald eine Erfindung der Neuzeit. Zumindest der Blutschale kann nachgewiesen werden, dass sie eine einschlägige Vergangenheit als Mahlsteintrog in einer Mühle hinter sich hatte, bevor sie im 19. Jahrhundert an diesem Ort platziert wurde, um willige Touristen das Gruseln zu lehren. Es entstanden Gerüchte, vor Urzeiten seien auf diesem Findling Menschenopfer gebracht worden und das Blut sei damals aus den enthaupteten Nacken durch die gut sichtbaren Furchen im Stein abgeflossen – direkt in besagte Schale. Funde von Knochenresten sollen den grausigen Heidenritus belegen. Dass, wie die zweifelhafte Sage behauptet, an diesen Stellen deshalb kein Moos ansetzt, ist in einem Wald, in dem jeder Baumstamm grüne Stulpen an den feuchten Füßen trägt, eigentlich ein Wunder – es könnte jedoch ebenso gut auf die helfenden Hände zurückgehen, die auch die rote Farbe so regelmäßig in die Blutrinnen streichen ...

Die Rügener Überlieferungen um die Göttin Hertha, die manche für die mythologische Vorgängerin von Frau Holle halten, sind im boomenden Tourismus des 19. Jahrhunderts von den Gastwirten und Fremdenführern tatkräftig ausgemalt worden. Das diente der Anziehungskraft des Ortes.

Der geheime See, den Tacitus beschreibt, kann nicht der heutige Herthasee mit seinen düster-romantisch überwucherten Ufern gewesen sein. Der entstand erst 500 Jahre später in einer tiefen Senke ohne Ablauf, aus der auch eines der für das ausgeprägte Relief der Stubnitz so typischen Kesselmoore hätte werden können. Die Reste der göttlichen Herthaburg sind in Wirklichkeit nur Relikte slawischer Besiedlung. Und halb verwitterte Knochensplitter im Wald können alles Mögliche bedeuten.

Doch – was beweist das schon? Es heißt nur, dass die Sagenwelt vonseiten der Einheimischen ein wenig unterstützt wurde. Es bedeutet dagegen nicht, dass all die Geschichten über Hertha oder die große, tiefe Höhle der schwarzen Frau in der Stubbenkammer, den grausamen Woden, den durch die Lüfte tobenden Wilden Jäger oder wiedergängige Seeräuber unwahr wären …

Als ich im vergangenen Jahr beim Wandern an den Kreidefelsen mein Notizbuch verlor und die gesamte Strecke in der einfallenden Dämmerung noch mal von vorne bis hinten ablaufen musste, sah ich im menschenleeren Wald hinter jedem Baumstumpf Furcht einflößende Wesen lauern.

Nachdem ich panisch kreischend über eine der vielen Wurzeln gestolpert war, die wie träge Lindwürmer aus dem Erdreich der Wege ragen, griff ich mir einen Knüppel, atmete tief durch und tat so, als sei mit der Kindheit auch die Angst vor der Dunkelheit gewichen. Was für eine Illusion in diesem schaurigschönen Wald.

Mein Notizbuch fand ich an diesem Abend nicht wieder.

Es kam fünf Wochen später in Seidenpapier eingeschlagen in einem schmalen Umschlag aus den Niederlanden, wohin es die ehrliche Finderin mitgenommen hatte, um es mir von dort aus zu schicken.

Als ich es glücklich aufschlug, wurde mir einiges klar. Der letzte Eintrag lautete: »Das Krachen in den Wipfeln ist so schlimm, dass man meinen könnte, es würden Hexen ihr Unwesen treiben ... HIER möchte ich nachts nicht alleine sein!«

Es war also keine Täuschung im Schummer des Zwielichts gewesen. Sie waren da, die Geister der Stubnitz – und hatten sich kichernd über mich lustig gemacht.

Ich hätte es wissen müssen, man soll sie nicht beschwören.

»Nach Rügen reisen heißt nach Sassnitz reisen.«
Fontane, Mukran und die Feuersteinfelder

Manche Dinge brauchen ihre Zeit. Ich habe zum Beispiel fünfunddreißig Jahre gebraucht, um das schönste und verkannteste Ostseebad Rügens zu entdecken: Sassnitz.

Das liegt daran, dass die Stadt zwei Gesichter hat. Eines, das offensichtlich ist, weil man es vom Bahnhof aus sehen kann, mit dem Bus hindurchfährt oder dort Erledigungen macht. Bürgerhäuser, Vorgärten, Altneubauten im Beamtenstil mischen sich dort mit DDR-Plattenbauten. Es gibt gepflegte Grünanlagen, eine alte Kirche, ein sehr ehrwürdiges Rathaus an der Hauptstraße. Hübsch, aber etwas belanglos und nichts Besonderes verglichen mit anderem, was man auf Rügen sehen kann.

Doch Sassnitz hat noch ein anderes, etwas verstecktes, zauberhaft verträumtes Gesicht. Eines, zu welchem man erst steile Straßen in Serpentinen oder im Zickzack hinunterlaufen muss.

Ich hätte diesen Teil vielleicht für immer verpasst, wenn mich nicht vor ein paar Jahren ein Bekannter zufällig darauf gestoßen hätte. Er erzählte mir, als wir eher beiläufig über Rügen sprachen, dass er und seine Frau berufliche Verpflichtungen auf der Insel stets mit ein paar Urlaubstagen verbänden. Das sei inzwischen Tradition bei ihnen.

»Wo denn auf Rügen?«, fragte ich selbstverständlich nach – und war, vorsichtig formuliert, verblüfft, als er antwortete: »Sassnitz.«

»Wieso denn Sassnitz?«

Meine Bestürzung war nicht zu überhören.

Sassnitz, das in meiner Kindheit noch mit ß geschrieben wurde, war in meiner Erinnerung eine uninteressante Stadt oberhalb der See, in der wir manchmal ein wenig herumliefen, um die Zeit totzuschlagen, bis der Bus oder der Zug endlich kam. Ein Umsteigeort mit Geschäften, an dem es keine öffentlichen Toiletten gab, jedenfalls offenbar keine, auf die meine Mutter oder meine Großmutter mich hätten schicken mögen, denn ich weiß, dass ich als Kleinkind in Sassnitz häufig hinter die Bushaltestelle oder in ein Gebüsch pinkeln musste. Natürlich verstand ich nicht, was meinen Bekannten gerade dorthin zog, wo er doch die ganze großartige Insel zur Auswahl hatte – was wohl wiederum den Bekannten verwirrte, der ja nicht ahnen konnte, dass mir das Beste an Sassnitz jahrzehntelang entgangen war.

Er warf mir einen fragenden Blick zu und antwortete dann gefasst: »Weil es uns gut gefällt. Wir schlafen immer in einem wunderbaren kleinen Hotel am alten Hafen –«

»AM ALTEN HAFEN?!?!«, unterbrach ich ihn. Langsam wurde ich unhöflich in meiner Fassungslosigkeit, doch ich sah Beton vor mir, Zäune, Zollanlagen, den ganz und gar unromantischen Kai eines Hafens, an dem täglich große Schiffe anlegen, den alten Bahnsteig der Haltestelle »Sassnitz Hafen«, den die meisten Einheimischen zu DDR-Zeiten nur vom Hörensagen oder von früher kannten, die große Abfertigungshalle, die auf Säulen stand, einen runden Bug hatte, was ihr selbst das Aussehen eines Ostseedampfers verlieh, die inzwischen abgerissene, hohe Straßenbrücke, auf der die Autos, der leichteren Kontrolle wegen, in Gänsemarsch und Schrittgeschwindigkeit fahren mussten. Den alten, abgesperrten halb Fähr-, halb Militärhafen von Sassnitz eben. Den, dessen Zeit abgelaufen war, seit es Mukran gab.

»Aber der Hafen ist doch grauenvoll!«, entfuhr es mir. »Seit wann gibt's da Hotels?«

Das einzige Hotel, das ich in Sassnitz kannte, war das Rügenhotel, und das stand auf der Hauptstraße unterhalb des Bahnhofs, gegenüber dem neu gebauten Sassnitzer Einkaufszentrum. Von oben hatte man einen großartigen Ausblick, unten gab es eine Schwimmhalle. Aber es war weder alt noch schön. Es war ein neungeschossiger, gesichtsloser Betonklotz aus dem Jahre 1969, in dem zu DDR-Zeiten Prominente oder Ausländer verkehrten.

»Seit fast 200 Jahren«, antwortete der Bekannte. »Wir sind sehr gerne dort. Mit dem Meer und den alten Kurhotels ist es fast ein bisschen mediterran.«

Mediterran. Er konnte unmöglich vom selben Hafen sprechen wie ich. Das schien ihm jetzt auch zu dämmern: »Doch nicht der alte Fährhafen! Ich meine den kleinen Fischerhafen an der Strandpromenade. Wo die Mole beginnt.«

Die Mole, das sagte mir was. Aber ich hörte das erste Mal, dass Sassnitz eine Strandpromenade hat – und suchte zielgerichtet danach, als ich das nächste Mal auf Rügen war. Das musste ich mit eigenen Augen sehen.

Wenn man weiß, dass es die Altstadt von Sassnitz gibt, ist es nicht besonders schwer, dorthin zu finden. Besser informierte Menschen als ich haben das offenbar schon vor Jahren getan, denn im Hochsommer geht es auf der Promenade in der unteren Stadthälfte von Sassnitz zu wie auf einem Jahrmarkt. Ein Geheimtipp ist meine persönliche Neuentdeckung also nicht.

Doch ich stand das erste Mal an einem sonnigen Maitag fast allein unten auf der Seebrücke im Wind und starrte entzückt auf das terrassenförmig an den Hang gebaute alte Kurzentrum der Stadt, das seinerseits in frisch renoviertem Weiß mit den typischen Schnitzereien an Balkonen und Erkern vornehm über mich hinweg aufs Meer blickte. Ich war sofort verliebt.

Es war nicht die Bäderarchitektur selbst, die kann man in größerer Menge und Perfektion in den anderen Ostseebädern bewundern. Es war eher das Gegenteil. Sassnitz gewinnt gerade, weil es bisher nicht ganz so geleckt und bis zur Maskenstarre saniert ist wie Binz oder Sellin. Nicht jedes Gestrüpp ist gezähmt, nicht jede Ruine schon abgerissen, und manche Prachtvilla sieht noch so aus, wie Prachtvillen nach vierzig Jahren DDR und zwanzig Jahren Nachwendevernachlässigung eben aussehen. Die staubige Zeichnung der Zeit verleiht der alten Kurstadt etwas hinreißend Aschenputtelhaftes.

Zusammen mit den die Böschung hinab direkt ins Wasser fallenden Häusern wirkt das Ganze von der Seeseite her tatsächlich südländisch. Zumal auch die Städte am Mittelmeer einen Teil ihres Charmes dem malerischen Verfall der Schönheit verdanken. Aber das wird man in Deutschland wohl nie begreifen, und deswegen wird auch Sassnitz in ein paar Jahren vermutlich aussehen wie das Angebot aus einem Katalog für Puppenhäuser. Es wird sich zeigen, ob dann alles dahin ist oder der Zauber bleibt.

Letzteres ist durchaus möglich. Immerhin ruft Effi Briest beim Anblick von Sassnitz begeistert aus: »Ach, Geert, das ist ja Capri, das ist ja Sorrent. Ja, hier bleiben wir.« Der Roman erschien 1895. Damals kann die Stadt, die noch gar keine war, nicht pittoresk verwittert gewesen sein. Die Häuser waren gerade frisch gebaut. Die deutschen Ostseebäder blühten und gediehen im ausgehenden 19. Jahrhundert wie nichts. Was sie heute sind, verdanken sie der Konjunktur der Kaiserzeit.

So nimmt denn auch das Ehepaar Innstetten im Urlaub Zimmer auf Rügen, namentlich im Sassnitzer Hotel Fahrenberg, das bei Fontane allerdings Fahrenheit heißt. Ein kleiner Gedächtnisfehler, der ihm unterlaufen ist, wie er später in einem Brief verärgert zugibt.

Ausnehmend schöne Erinnerungen hat er sich damit nicht getrübt. Die Natur der Gegend war das Einzige, was Theodor Fontane an Sassnitz wirklich gefiel. Denn obwohl er gerne bemüht wird, wenn es gilt, für die Stadt zu werben, mochte der Dichter sie nicht sonderlich. In sein Tagebuch schrieb er Anfang September 1884 nach einem einwöchigen Rügenaufenthalt: »Das Leben in Sassnitz ist eigentlich langweilig, raufgepufft in seinen Forderungen und nicht viel dahinter, aber die See- und Landschaftsbilder halten einen schadlos.« Aber das zitiert natürlich niemand.

Später beschwert er sich noch bitter über die ortsansässigen Hoteliers: »Volk, das einen schröpft, fast schlimmer wie auf Norderney.« Oha.

So betrachtet ist Fontanes berühmter Satz »Nach Rügen reisen heißt nach Sassnitz reisen«, welchen er den ohnehin etwas indifferenten Ehemann Effis sagen lässt, als Wertschätzung wohl fehlinterpretiert und sollte im Gesamtkontext eher ironisch verstanden werden.

Zumal Fontane die schicksalhafte Liebschaft seiner Protagonistin nicht umsonst Major Crampas genannt hat. Nach Crampas, dem Nachbarort Sassnitz', der nach viel Konkurrenz und

Zwist 1906 eingemeindet wurde. Die Namenswahl war volle Absicht, damit Effi im Urlaub dem Schreckgespenst ihres Fehltritts begegnet und eiligst aus der Schröpfstadt flieht. Was sie ja auch nach einem veritablen Nervenzusammenbruch gleich am ersten Urlaubsmorgen tut. Baron Innstetten, der weder von Major Crampas noch vom Dorf Crampas etwas ahnt, aber wie immer den gütigen Onkel spielt, gibt seufzend nach. »Ich will dich mit Rügen nicht quälen, und so geben wir's denn auf.« Mein liebes Kind. Golf von Neapel, ade.

Ein ausgesprochener Meerfan war Effi allerdings auch schon in Kessin nicht – ganz im Einvernehmen mit Roswitha, ihrem Kindermädchen, das findet: »Und immer bloß die Dünen und draußen die See. Und das rauscht und rauscht, aber weiter ist es auch nichts.«

So unterschiedlich sind die Geschmäcker. Mir kann es gar nicht genug Rauschen und Dünen und See geben. Ich muss allerdings auch nicht mit Geert von Innstetten zusammenleben.

Am Ufer unterhalb der Stelle, wo sich früher das Hotel Fahrenberg befand, liegt in nördlicher Richtung der kleine Kurplatz, an dessen Rand ein merkwürdiger Musikpavillon steht. Er erinnert an eine Mischung aus Walschwanzflosse und Schellmuschel mit Lautsprechern und verstellt die Sicht aufs Meer. Entworfen hat dieses Bauwerk der Hyparschalen-Moderne wieder Ulrich Müther, der Bauingenieur aus Binz, von dem auch die Ostseeperle in Glowe stammt.

Wer wie ich Beton nicht mag, geht am besten schnell daran vorbei und wandert umstandslos über den traumhaften Steinstrand weiter zum Königsstuhl oder gleich bis nach Lohme.

Südlich führt die Strandpromenade dagegen zu dem klei-

nen Fischerhafen, den der Bekannte erwähnte. Er sieht genauso aus, wie man sich das vorstellt. Segelschiffe, Motorboote,
kleine Kähne, Fischkutter mit bunten Wimpeln. Auf dem Wasser vor Sassnitz ist immer viel los. Der Kai selbst ist voller Cafés und Eisstände. Es gibt Souvenirgeschäfte, Matjesbrötchen
und Räucherfisch. Über besetzte Bänke braucht man sich nicht
zu ärgern, auf dem Steinschutzwall am Strand oder der breiten
Molenbalustrade ist genug Platz für alle.

Die Mole mit ihrem malerischen Leuchtfeuer am Ende war
im harten Winter 1978/79 teilweise zerstört und damals nur
notdürftig repariert worden. 1996 wurde aber zum 100. Geburtstag endlich ein kompletter Wiederaufbau spendiert, sodass man nun wie früher auf ihr entlangschlendern kann.

Wenn man genügend Zeit mitbringt: Hin und zurück bis zum
Leuchtturm an der Spitze sind es knapp drei Kilometer. Das ist
Europarekord.

Das kleine Molenfeuer ziert auch das Stadtwappen von Sassnitz. Darauf ist der Leuchtturm seinem ersten Anstrich gemäß
in Rot-Weiß abgebildet, was heute einen kuriosen Gegensatz
zum echten Turm darstellt. Dessen Streifen mussten nämlich
nach der Wende in amtlich verordnetes Grün umgefärbt werden – weil hier rechts der Hafeneinfahrt geblinkt wird. Da sind
deutsche Behörden streng.

Noch bevor ich die schmalen Gassen der Altstadt überhaupt
richtig erkundet hatte, rief ich meine Mutter an: »Wusstest du,
wie wunderschön Sassnitz ist?«

»Nein«, antwortete sie und hatte denselben Ton in der
Stimme wie ich, als ich den Bekannten fragte, weshalb er mit
seiner Frau ausgerechnet nach Sassnitz fahre.

»Warum nicht?«

Sie dachte einen Moment nach. Dann sagte sie: »Ich hab mich für Sassnitz einfach nicht interessiert. Da ging es irgendwie nie weiter. In Sassnitz war immer Schluss. Jedenfalls für uns. Ich hab mich da nicht gern aufgehalten.«

In Wahrheit war Sassnitz auch nicht mehr Endpunkt als andere Orte an der DDR-Ostseeküste, trotzdem verstand ich sofort, was sie meinte.

Die radikale Weltenteilung, der wir damals ausgesetzt waren, verlief direkt über den Hafen der Stadt und führte es jedem mit Nachdruck vor Augen. In dieser Offensichtlichkeit eigentlich nur vergleichbar mit der Mauer in Berlin oder der Glienicker Brücke in Potsdam. Großflächige Absperrungen, Demarkationsschilder, Schießbefehl, Kontrollen im Zug. Grenzgebiet. Stacheldraht. Betreten verboten. Mir leuchtete ein, warum meine Mutter sich mit Sassnitz nicht anfreunden konnte.

Sie war damals bemüht, der Staatsgewalt aus dem Weg zu gehen, selbst wenn die, wie in Sassnitz, vor allem als Fußvolk in Straßenuniform daherkam. Seit mein Großvater wenige Jahre zuvor in den Kellern der Stasi-Untersuchungshaft verschwunden war und erst Monate später als Leichnam in Begleitung eines zwielichtigen Totenscheins wieder auftauchte, wollte meine Mutter möglichst unauffällig bleiben. Besonders gut hat das nicht geklappt. Mein Großonkel Hans, der einzige männliche Überlebende der schlesischen Kaufleute aus der Familie meiner Großmutter, der später selbst Seemann wurde und dessen Asche heute auf dem Grunde des Meeres liegt, sagte mir gegenüber: »Deine Mutter war der aufsässigste junge Mensch, den ich je erlebt habe.« Ich glaube nicht, dass das ein Kompliment sein sollte, aber ich war sehr stolz auf sie. Ihre Hoffnung, dass sich der Aufruhr in ihrem Leben durch die Ehe mit einem Offizier ändern würde, hatte sich nicht erfüllt. Sie eckte in diesem Land immer wieder an. Und sie sehnte sich nach einer anderen Welt.

Einer, wie sie vielleicht zu erreichen gewesen wäre, wenn man in Sassnitz die Fähre hätte besteigen können. Die Fähre, deretwegen die Behörden hier alles hermetisch abgeriegelt hatten. Die Schwedenfähre.

Sie ging zweimal täglich von Sassnitz nach Trelleborg. Man sah sie immer auf dem Meer hin- und herfahren. Langsam, beharrlich, zog sie am Horizont entlang, scheinbar parallel zum Ufer. In Wahrheit jedoch geradewegs nach Norden, mit jedem Meter sich von der DDR entfernend.

Die stete Sehnsucht meiner Mutter, an Bord dieser Fähre zu sein, hat sie ungefiltert an mich weitergegeben. Jeden Sommer saß sie mit mir am Strand und schaute auf das weiße Schiff in der Ferne. Eine meiner frühesten Erinnerungen überhaupt beschwört genau dieses Bild. Wir sind allein am menschenleeren Strand von Bakenberg, hinter uns die Steilküste mit Uferschwalben. Ich trage eine von diesen weißen Kindermützen, sitze auf dem Schoß meiner nackten Mutter und mache winke, winke zu dem großen Schiff. Meine Mutter küsst mich und flüstert mir ins Ohr: »Ich verspreche dir, eines Tages werden wir damit fahren, du und ich, auf die andere Seite der Ostsee. Ganz sicher.«

Die Jahre vergingen, meine Eltern trennten sich, wir zogen nach Berlin. Aber jedes Mal, wenn wir die Schwedenfähre wiedersahen, hielt meine Mutter ihre Hand über die Augen, schaute hinaus auf das Meer und seufzte leise. »Eines Tages fahren wir mit dieser Fähre.«

Wir fuhren aber nicht.

Als Kind fantasierte ich später oft, wo man sich im Malmö-Express, der nach Trelleborg mitfuhr, verstecken konnte oder wie man sonst noch unbemerkt nach Schweden käme. Es schien mir vollkommen abwegig, dass das nicht möglich sein sollte. Es gab doch keinen Stacheldraht oder patrouillierende Soldaten wie in Berlin. Das hier war das Meer. Irgendwie musste es doch machbar sein, an das andere Ende zu gelangen …

Ich wusste damals nicht, wie viele Menschen bei Fluchtversuchen über die Ostsee umgekommen waren, dass skandinavische Fischer über Jahre hinweg immer wieder Leichen in ihren Netzen fanden und dass mein geliebtes Meer von der DDR zur mörderischen Falle umfunktioniert wurde. Ich bin nicht sicher, ob ich je wieder in der See gebadet hätte, wäre es mir damals bewusst gewesen.

Meine Großmutter hatte mit den Jahren gute Beziehungen zu den Damen im Fahrscheinschalterhäuschen am Stralsunder Hafen geknüpft, und ihr war klar, dass die wiederum gute Verbindungen zu den Fahrscheinschalterdamen in Sassnitz haben mussten. Und so ging sie Mitte November 1989, eine Flasche Ost-Kognak in der Tasche, an den Stralsunder Hafen und bat die Damen um einen Gefallen. Sie wollte Fahrkarten für das Schiff von Sassnitz nach Trelleborg, Hin- und Rückfahrt am 24. Dezember. Es war ihr Weihnachtsgeschenk. Ein Mal mit der Schwedenfähre fahren. Auf die andere Seite der Ostsee.

Die Fähre hatte an diesem Weihnachtstag 1989 fast eine Stunde Verspätung, und es war keine Zeit mehr für einen Aufenthalt in Trelleborg. Wir gingen trotzdem von Bord. Zehn Minuten Schweden. Ein hässlicher, anonymer Hafen, Industrieanlagen, alles grau vom Regen – aber Schweden. Endlich. Wir hatten es geschafft.

Mehr vom Land sah ich erst fünf Jahre später. Ich hatte das Jahr in Italien studiert und mich mit lauter Skandinaviern angefreundet. Einige der schwedischen Kommilitonen luden mich und meine Freundin Charlotte für August nach Gotland ein. Schweden gefiel uns sehr. Die Menschen waren nett, die Häuser wunderschön, und alle hätten im IKEA-Katalog auftreten können. Überall gab es Lachs und Wodka. Ein polares Paradies.

Wir fuhren mit dem Malmö-Express erst nach Sassnitz, checkten dann auf dem Schiff ein und setzten über nach Schweden. Alles verlief normal. Den Malmö-Express hatte ich immer nehmen müssen, um meine Großmutter zu besuchen. Das hatte einen einfachen Grund. Seit ich sechs Jahre alt war, fuhr ich meistens allein von Berlin hoch zu Oma. Da der Malmö-Express nur dreimal hielt, bevor er in Stralsund ankam, reduzierte sich die Eventualität enorm, dass ich den Bahnhof verwechselte, Irre zustiegen oder ich aus dem Abteil fiel. Also saß ich jahraus, jahrein immer wieder in diesem einen selben Zug. Ich fand es aufregend, weil ich wusste, dass er in Sassnitz auf die Schwedenfähre verladen wurde und dann von Trelleborg einfach weiterfuhr. Außerdem hatte mein Zug einen richtigen Namen: MALMÖ-EXPRESS. Das klang nach großer weiter Welt. Ich musste immer am Rügendammbahnhof in Stralsund aussteigen. Zurückbleiben, die Türen schließen und Vorsicht bei der Abfahrt des Zuges.

Dieses Mal blieb ich mit Charlotte sitzen und fuhr bis Malmö durch. Ich konnte eine gewisse Befriedigung nicht leugnen. Es hatte etwas von »Ätsch – ich fahre doch damit!«.

Als ich dann 1996 zum dritten Mal die Schwedenfähre nahm, holte mich meine Kindheit ein. Ich wollte zur Sommersonnenwende nach Nordschweden. Es war der 19. Juni, und sowohl mein Ausweis als auch der Europa-Pass liefen an diesem Tag ab. Ich hatte das erst unmittelbar vor dem Aufbruch entdeckt. Keine Zeit für deutsche Behörden mehr, also blieb mir nichts anderes übrig, als zu pokern. Der Malmö-Express erreichte gegen zwei Uhr nachts den Hafen von Sassnitz. Entweder ich hatte Glück und es kam niemand mehr, oder ich stellte mich schlafend und würde vielleicht so übersehen. Zur Not konnte ich noch auf kleines Mädchen machen. Kulleraugen, Zuckerschnute, verwirrt stottern. Zieht immer. Auch Zöllner haben ein Herz.

Ganz sicher war ich aber nicht, ob das funktionieren würde, denn ein ungültiges Personaldokument ist kein fehlender Parkschein. Dachte ich.

Wir kamen in Sassnitz an, der Zug wurde zuckelnd in den Schiffsbauch verfrachtet, und die Grenzer ließen sich Zeit. Schließlich kam doch noch jemand, erwischte mich wach und verlangte meinen Ausweis. Ich zeigte ihn vor und versuchte, geschickt mit dem Daumen das Datum zu verdecken. Keine Chance. Der Zöllner brauchte genau eine Zehntelsekunde, um mit sicherem Blick das Problem zu erfassen.

»Ihr Ausweis ist vor zwei Stunden abgelaufen, junge Frau.«

Okay. Augen auf und durch: »Heißt das, ich darf nicht nach Schweden?«

Ohne zu antworten, bat er mich, ihm zu folgen. Ich sah mich schon in Handschellen, verhaftet wegen Irreführung der Behörden oder illegalen Einreiseversuchs.

Und dann geschah es. Er führte mich ins Nachbarabteil, zog eine Sofortbildkamera aus einem Schubfach und fragte mich, ob ich zehn Mark passend hätte. Dann machte er ein Foto von mir und stellte mir einen neuen Ausweis aus.

Einfach so.

Ich fasste es nicht. Meine ganze Kindheit über war diese Grenze, weit mehr als die Berliner Mauer, mein persönlicher Eiserner Vorhang gewesen. Unüberwindlich. Eisig. Ein tiefer, dunkler Wassergraben. Eine Wand aus tosenden Wellen. Ein Ort, an dem ich jeden Tag sah, wo meine Welt zu Ende war.

Und jetzt hatte ich nicht mal einen gültigen Ausweis und durfte passieren. Zwei Minuten, und das Tor nach Schweden öffnet sich. Ich war so baff, dass ich die ganze Unschuldsnummer vergaß und mich stockend bedankte.

Als das Schiff den Hafen verließ, ging ich an Deck. Ich sah auf Sassnitz, und mir kamen die Tränen.

Das war keine Rührung, das war Wut. So banal war das also. Alltäglich, nichtssagend. Einfach nur die Grenze nach Schweden. Bitte treten Sie durch, hier gibt es nichts zu sehen, gehen Sie einfach weiter.

Ich konnte nicht weitergehen. Mir lief der Rotz aus der Nase, und ich dachte an die Ohnmacht, die dieses weiße Schiff in mir immer wieder ausgelöst hatte. An das Gefühl, ausgeschlossen von der Welt, im Osten inhaftiert und vergessen zu sein.

In diesem Moment begriff ich, dass ich mit der Schwedenfähre meinen Frieden machen musste. Ich stand nicht mehr hilflos am Strand der Ostsee, *sie* bestimmten nicht mehr mein Leben, und niemand würde jemals wieder ungerechtfertigt solche Macht über mich besitzen. Es ging nicht um Schweden oder um diese Fähre; es ging um die Freiheit am Horizont.

Am 20. Juni 1996 um zwei Uhr morgens war ich dort angekommen. Ich stand an der Reling und sah die Lichter von Sassnitz in der Nacht verschwinden.

Die Eisenbahnfähre zwischen Rügen und Schonen war einst eigens für den Schnellzug Berlin – Malmö eingerichtet worden. Fast hundert Jahre lang transportierten Trajekte schwere Waggons von Sassnitz nach Trelleborg. Der marinevernarrte Kaiser Wilhelm II. hat die Strecke 1909 höchstpersönlich zusammen mit dem schwedischen König Gustav V. in einer feierlichen Zeremonie eröffnet, von der Hofberichterstattung stolz auf Zelluloid gebannt. Seitdem heißt sie die Königslinie.

Heute führt sie, wie alle internationalen Schiffsverbindungen Rügens, über das ein paar Kilometer die Küste abwärts gelegene Mukran. Im Stadthafen von Sassnitz legte die letzte Schwedenfähre im Januar 1998 ab.

Im Herbst desselben Jahres saß ich wieder im Malmö-Express. Nachdem mein Zug das erste Mal ungewohnterweise nördlich des Großen Wostevitzer Sees bei Borchtitz zum neuen Fährhafen abgebogen war, fragte ich den Schaffner, ob es in seinen Augen einen Unterschied mache. Sassnitz oder Mukran. Er zuckte mit den Schultern und sagte, der neue Hafen sei eben viel, viel größer. Dann erzählte er mir vom Ankerlichten der letzten Fähre in Sassnitz.

Es sei ein kalter Wintertag gewesen, trotzdem seien Hunderte Schaulustige extra gekommen, um das Ereignis zu sehen. Alle hätten gewinkt. Die Leute auf dem Schiff, die Eisenbahner und auch die Gäste an Land. Als die *Trelleborg* langsam aus dem Hafen auslief, schickten ihr die Lokomotiven von den Gleisen zum Abschied das Schrillen ihrer Luftdruckpfeifen hinterher.

Das Schiff auf dem Wasser antwortete mit dem lauten Heulen des Nebelhorns. In steten Abständen habe es noch lange nachgeklungen.

Sofort stellte ich mir vor, wie das Typhon der Fähre allmählich immer leiser geworden war, bis das Schiff irgendwann am Horizont ganz den Blicken der Zurückgebliebenen entschwand.

Das Bild der sich auf ewig Trennenden ergriff mich so sehr, dass ich feuchte Augen bekam und eine Geste machte, um mich bei dem Mann (und mir selbst) für meine Rührseligkeit zu entschuldigen. Doch er winkte nur ab und sagte: »Ach, lassense mal, junge Frau, wir ham ooch alle jeflennt. Die uffe Fähre jenau wie die vonne Bahn.«

Als ich vor einigen Jahren aus Zeitgründen zum ersten Mal mit dem Flugzeug nach Schweden reiste, schrieb ich darüber später den Satz: »Der Rhythmus des Lebens hat nicht immer Sinn für Tradition.«

Für Sentimentalität hat das Leben schon gar nichts übrig.

Also heute Mukran.

Wer sich für Fähranlagen interessiert, riesige Rangierkomplexe oder Frischfischumschlagplätze, der sollte sich unbedingt den Großhafen Sassnitz-Mukran ansehen. Wie überall gibt es auch hier ein paar Superlative zu vermelden. Mukran hat das modernste Fischwerk Europas und ist die einzige Möglichkeit in Zentraleuropa, Züge auf die russisch-baltisch-finnische Breitspur anzupassen. Damit ist der Hafen laut Presseinformation der Deutschen Bahn »der westlichste Cargo-Bahnhof auf der Transsibirischen Eisenbahnlinie« – was nun endlich beweist, dass die DDR in der Taiga lag. Es soll Leute geben, die das immer schon gewusst haben.

Mukran war von Anfang an als Drehscheibe für den Fährverkehr nach Osteuropa gedacht. Der ganze Hafenkomplex, der selbstverständlich auch militärisch genutzt wurde, entstand zwischen 1983 und 1986 auf Betreiben der Sowjetunion, die wegen der politischen Unruhen in Polen auf einer direkten Fährverbindung in die DDR bestand. Die Ironie der Geschichte wollte, dass später, 1994, ausgerechnet dieser Hafen dazu genutzt wurde, die Besatzungstruppen der sowjetischen Streitkräfte nach ihrem Abzug mitsamt der Ausrüstung auszuschiffen.

Unweit des Hafens liegt versteckt im dichten Forst eine Sehenswürdigkeit Rügens, die ihren ganz eigenen Reiz hat und die man nur zu Fuß oder mit dem Fahrrad erreicht. Das Auto stellt man auf einem Parkplatz gleich hinter Neu Mukran an der Straße nach Binz ab, die vor Kurzem von der B196a zur L29 degradiert wurde. Auf der seeabgewandten Seite der Schmalen Heide führt ein gut ausgeschilderter, gewundener Waldwanderweg etwa zweieinhalb Kilometer kreuz und quer und über Gleise, bis die Bäume sich lichten und den Blick auf eine Fläche freigeben. Dorthin schlägt man sich dann nicht sofort durchs Unterholz, denn das ist im Naturschutzgebiet selbstverständlich streng verboten, sondern nimmt den ordnungsgemäß gekennzeichneten Pfad weiter hinten. Und staunt. 300 Meter breit, 2500 Meter lang, 75 Hektar insgesamt, mitten in der Schmalen Heide, zwischen Kiefern, Eichen und Urlen: das Steinerne Meer Rügens. Die Feuersteinfelder. Eine geologische Rarität und einzigartig an der deutschen Ostseeküste.

An sich sind Feuersteine abseits des Strandes nichts Ungewöhnliches. Vereinzelt kann man sie in Norddeutschland auf jedem beliebigen Feldweg finden. Das Eis hat sie seinerzeit überall hingetragen, denn Feuersteine sind ihrer harten Konsistenz wegen nicht leicht zu zermahlen. Also wurden sie in ganzen Stücken von den Eismassen durch die Gegend geschoben und zeugen heute von den Bewegungen einer Zeit, in der es noch richtige Winter mit Schnee gab. Winter, die zwanzig Millionen Jahre währten.

Am Ufer des Meeres liegt Feuerstein dagegen in großen Mengen im Sand herum. Doch reine Feuersteinstände sind auch an Küsten eher selten. Es gibt sie nur unterhalb von Kreidefelsen, wo der Stein im Lauf der Zeit aus dem schlierigen Geschmergel gespült wird.

Schwere Stürme und Hochwasser müssen es gewesen sein, die das Strandgeröll vor 4000 Jahren landeinwärts schleuderten. Sie blieben fast einen ganzen Kilometer von der Küste entfernt auf Sand- und Kieswällen liegen, wo sie bis heute eine meterhohe, massive Gerölldecke bilden. Wer mal versucht hat, am Strand mit eiergroßen Steinen eine winzige Fläche von nur einem Quadratmeter zu füllen – werfend, versteht sich –, bekommt eine Vorstellung davon, was für eine Urkraft diese längst vergangenen Unwetter bargen ...

Von Natur aus war die Schmale Heide tatsächlich eine Heide, die früher vor allem als Weidefläche genutzt wurde. Seit ihrer Aufforstung 1840 müssen die Feuersteinfelder nun gegen den Übergriff der Bäume verteidigt werden. Die Fürsten von Putbus lösten dies durch Wildgatter. In der DDR hielten Mufflons die Vegetation auf den Steinwällen kurz. Inzwischen kümmern sich Naturschützer um den wuchernden Wald.

Nicht alles muss raus. Zwischen den Feuersteinen stocken Wacholderbüsche, Hundsrosen und Vogelbeeren. Auch Moose und Heidekraut scheinen in Maßen geduldet zu sein. Sie lassen den Steinwall wirken, als sei er kein geologisches Denkmal, sondern eine kunstvoll spärlich angelegte Parklandschaft. Eine im tiefen Wald knirschende Schlossauffahrt, die im Nichts endet. Oder sich nur dem einen Jüngling reinen Herzens und hoher Geburt offenbart, der genau am rechten Tag vorbeikommt, um die verwunschene Prinzessin samt Hofstaat zu befreien.

So kalkweiß, wie sie aus der Kreide gewaschen werden, sind die Feuersteine der Schmalen Heide nach dem Abrollen durch die starke Brandung und Jahrtausenden des Rumliegens heute natürlich nicht mehr. Aber in ihrer Rahmung aus dunklem Wald leuchten sie noch immer hell wie Kiesel in der Sonne und scheinen auf die Kutsche des Königssohns zu warten. Solange der nicht kommt, wirken sie hier im Wald seltsam deplatziert, diese Steinmassen früherer Ufer. Von Bäumen gesäumt statt von Meer. Grünes Laub statt grüner Wellen. Ostsee für Wasserscheue.

Der Zauber der Feuersteinfelder erschöpft sich für Menschen, die kein spezielles geologisches Interesse haben, schnell, doch allein der Überraschungseffekt am Anfang und die kühle Ruhe des Ortes sind den langen Spaziergang wert.

Manchmal hört man von ferne einen Zug rattern. Vielleicht sitzt ja der Prinz darin.

Die gute alte Zeit.
Prora und die Ostseebäder

Zu Prora steht auf meiner Rügenkarte »KdF – das muss man sehen, sonst glaubt man's nicht ...«.

Mehr ist dazu eigentlich fast nicht zu sagen: hinfahren, anschauen und nie wieder Extremisten wählen. Es lebe die Demokratie. Und das Prinzip der Gewaltenteilung.

Ich staune immer ein wenig, dass bei den im Internet beliebten Sammlungen von Menschen, deren Familienname auf absurde Weise ihren Beruf karikiert, wie etwa bei dem berühmten DDR-Tenor Peter Schreier oder dem Zahnarzt Dr. Haubenreisser, der in Berlin im Nachbarhaus meiner Eltern praktizierte, nie der Architekt von Prora vorkommt. Er hat uns nicht nur den knapp viereinhalb Kilometer langen Koloss von Rügen hinterlassen, sondern eine Reihe weiterer Größenwahnbauten, wie zum Beispiel die noch gigantischere NS-Ordensburg Vogelsang in der Eifel. Sein Name hätte nicht passender zu den von ihm entworfenen Ungetümen gewählt sein können: Der Mann hieß Klotz. Clemens Klotz.

Bevor die Nationalsozialisten ihre »Kraft durch Freude«-Pläne entwickelten und auf der Schmalen Heide zumindest teilweise baulich umsetzten, gab es auf Rügen keinen Ort namens Prora. Kein Dorf, keine Siedlung, keinen Ausbau. Prora war der Name des dichten, hügeligen Waldstücks, das sich nördlich von Binz den Strand hinaufzieht. Ein einziges, einsames, inzwischen längst abgerissenes Forsthaus befand sich darin. Das »Seebad Prora« ist ganz und gar eine Erfindung der Nazis. Was manchmal für den »ursprünglichen« Ort gehalten wird, ist lediglich die zum KdF-Bad gehörende Angestelltensiedlung aus den Dreißigerjahren.

Prora ist heute ein Ortsteil der Gemeinde des Ostseebades Binz, zu DDR-Zeiten war es wegen seines Sperrgebietstatus auf keiner Landkarte verzeichnet. Nachdem die Russen ihre Pläne geändert und das größtenteils im Rohbau stecken gebliebene KdF-Bad nach zwei gescheiterten Sprengversuchen doch nicht abgetragen hatten, wurde der monumentale Komplex aus acht kastenförmigen Bettenhäusern von je 550 Metern Länge als Internierungslager, Flüchtlingsunterbringung, aber vor allem als militärisches Massenquartier genutzt – eine Funktion, die auch die Nazis beim Bau von Anfang an für den Kriegsfall einkalkuliert hatten.

Zunächst waren eine Panzerjägerbrigade der Sowjetarmee und die Kasernierte Volkspolizei hier untergebracht, nach ihrer Gründung 1956 zog die NVA mit bis zu 10 000 Mann Truppenstärke ein und riegelte das Gebiet um die Anlage großflächig ab.

In Prora war jedoch keine Marineeinheit stationiert; der Ort diente vor allem der Ausbildung und den Grenztruppen. Ab Mitte der Achtzigerjahre kamen Bausoldaten dazu, die in Mukran arbeiten mussten.

Die achtzehn Monate Grundwehrdienst in der Nationalen Volksarmee waren für niemanden einfach. Alle jungen Männer, die ich kenne, sind traumatisiert von dort zurückgekommen. Mit dem sportlichen Montag-bis-Freitag-Dienst in der Bundeswehr heute ist das in keiner Hinsicht vergleichbar.

Immerhin gab es in der DDR als einzigem der Ostblockstaaten mit den Bausoldaten eine legale Möglichkeit, den Dienst an der Waffe zu verweigern. Doch die NVA hatte, wie vor ihr die Wehrmacht, die Reichswehr und das Deutsche Heer des Kaisers, die harten autoritären Strukturen und das erprobte System aus Demütigungen und Strafen vom Preußischen Militär übernommen. Das war nichts, was man anderthalb Jahre einfach so aussaß. Auch nicht als Bausoldat. Unter denjenigen, die auf der Schmalen Heide dienen mussten, kursierte der Spruch »Drei Worte genügen – nie wieder Rügen«.

Wie alle NVA-Objekte übernahm den Koloss von Prora 1990 erst mal die Bundeswehr, gab diesen Standort aber 1993 auf. Seitdem kann man die seltsame Anlage öffentlich besichtigen.

Eine polnische Freundin meiner Großmutter sagte mit großer Beharrlichkeit »Umfall«, wenn sie Unfall meinte. Das Deutsche war Katis dritte Sprache, nach Polnisch und Ukrainisch. Sie sprach es mit rollendem Rrrr, harten Endungen und voller Fantasie. Meine Oma konnte ihr tausendmal erklären, dass Unfall nichts mit Umfallen zu tun hat, Kati blieb störrisch.

Ich fand ihre Logik diesbezüglich immer sehr einleuchtend. Kein Wunder – sind doch drei Viertel meiner Unfälle tatsächlich nichts weiter als Umfälle.

Ich gehöre zu den Leuten, die ständig über ihre eigenen Füße stolpern. Alle machen sich darüber lustig. Meine Mutter sagt im Scherz, ich hätte die Fallsucht, meine Oma nannte mich, wie man es im schlesischen Dialekt ihrer Herkunft tat, einen Plootsch, Freunde reichen mir schon mal grinsend den Arm, wenn unsicheres Terrain überquert werden muss.

Besonders häufig falle ich auf Betonplatten. Da Beton sowohl bei den Nazis als auch in der DDR sehr beliebt war (Betonköpfe!) und viele Fußwege abseits der gepflasterten Straßen von Ortschaften daraus bestanden, verbrachte ich meine gesamte Kindheit mit blutverschorften Knien. Links und rechts. Jeden Sommer. Es war nur eine Frage der Zeit.

So wie bis heute jede Türschwelle für mich ein Risiko darstellt, brauche ich auch Beton nur zu sehen, schon liege ich lang. Offenbar kann ich nicht anders. Seit ich meine Konzentration und damit das ewige Stolpern etwas besser im Griff habe, stürze ich nur noch ein- bis zweimal im Jahr. Das reicht auch.

Jedenfalls für Prora. In Prora war ich bisher drei Mal. Drei Mal bin ich von dort mit offenen Knien wieder weggefahren.

Das letzte Mal fiel ich so ungeschickt, dass ich mir zwar wieder nur die übliche großflächige Schürfwunde zuzog, diese aber außergewöhnlich stark blutete. Der Pflaster- und Taschentuchvorrat, den ich aus Erfahrung im Sommer mit mir herumtrage wie andere ihre Allergiespritzen, war innerhalb weniger Minuten rot durchtränkt. Da es mir an Schienbein und Wade hinunterlief, musste ich schließlich meinen Schuh ausziehen, was dem Ganzen einen noch dramatischeren Anblick verlieh. Ich sah aus, als wäre ich in eine Schießerei geraten.

In diesem Zustand humpelte ich in den Eingangsbereich der KulturKunststatt, die ich vorher stets sorgsam gemieden hatte. Nicht nur, weil es mich generell kein bisschen ins Innere dieses monströsen, unsympathischen NSDAP-SED-Zwitters zog, sondern auch, weil das dort in Block 3 befindliche NVA-Museum sich damit brüstet, »Erinnerungsarbeit ohne Büßerhemd« zu leisten. Dieses Lied kenne ich gut. Gesungen von ehemaligen Funktionsträgern ist es immer zynisch und klingt in meinen Ohren wie Kakophonie.

Falsch lag ich mit meinem Misstrauen nicht. Differenzierte

Berichte ehemaliger Prora-Soldaten, literarisch oder dokumentarisch, sucht man vergebens am Büchertresen der Kultur-Kunststatt. Aufarbeitung ist hier noch nicht angekommen. Stattdessen werden die Memoiren des langjährigen stellvertretenden Ministers für Nationale Verteidigung umfänglich beworben (Käufer dieses Buches haben freien Eintritt) und selbst verlegte Broschüren über die Offiziershochschule von Prora angeboten. Neutrale Erinnerung ist etwas anderes.

In meinem lädierten Zustand konnte ich nicht wählerisch sein, also hinkte ich an die Kasse und fragte nach dem Lazarett. Der Mann hinter der Theke sah mich kurz verwirrt an, dann bemerkte er das Blut und verstand. Der Stabsarzt sei gerade außer Haus, scherzte er gut gelaunt zurück, aber oben gebe es einen Erste-Hilfe-Koffer. Er rief an und schickte mich in den fünften Stock zum »Wiener Kaffee«, wo tatsächlich bereits ein Kasten voller Mullbinden, Pflaster und Druckverbände meiner harrte.

Ich setzte mich, bestellte einen Kaffee und säuberte mein Bein. Dann begann ich die Wunde zu verbinden. Jedenfalls versuchte ich es. Eine halbe Stunde lang bemühte ich mich erfolglos, mir die Techniken des Verbandanlegens in Erinnerung zu rufen, die ich als Teenager im DRK-Lehrgang während des Zivilverteidigungsunterrichts gelernt hatte und die ich jetzt gut hätte brauchen können.

Ich hatte die Vormilitärische Ausbildung, die an den DDR-Schulen in der neunten Klasse begann und sich bis zum Abitur fortsetzte, aufrichtig gehasst. Die Jungs bekamen Uniformen, lernten Marschieren, Im-Takt-Singen und Schießen. Die Mädchen bekamen die gleichen Uniformen, lernten Marschieren, Im-Takt-Singen und Verbinden. Und nun saß ich zwanzig Jahre später mit einem angeschossenen Knie in Prora in einem Café mit Plastekronleuchtern an der Decke und rosa Tüllvorhängen vor den Fenstern und wünschte zum allerersten Mal, ich hätte damals in ZV besser aufgepasst.

Manchmal gibt einem das Leben wirklich Rätsel auf.

Nachdem ich die widerspenstige Blutung endlich hatte stoppen können und es mir im zehnten Anlauf auch gelungen war, mein Bein so zu verschnüren, dass der ganze Mull nicht sofort verrutschte, sobald ich ein paar Schritte ging, machte ich mich auf den Weg nach unten. Ich brauchte höchstens zehn Minuten, aber es war doch eine kleine Weltreise.

In den Fluren hing noch die DDR-Kunst von früher. Billigdrucke, auf Pressspan gezogen. Harald Hakenbeck, *Peter im Tierpark*, und Walter Womacka, *Paar am Strand*. In der freien Ecke neben einer Batterie Sicherheitskästen klemmte eine Lenin-Büste samt Motto: »Eine Revolution ist nur dann etwas wert, wenn sie sich zu verteidigen versteht«. Auch die öffentlichen Toiletten versprühten nicht einfach losen DDR-Charme: Sie waren bis zu der an einer Perlonschnur am Garderobenhaken der Seitenwand aufgehängten Klopapierrolle im Originalzustand. Ich war kurz davor, in meinen Taschen nach einem Zwanzigpfennigstück zu kramen.

Doch das Unglaublichste im Flur dieses Gebäudes war der Geruch. Diese seltsam kalte Mischung aus Stein, Seife, alten Fliesen, Ölsockelanstrich und Feuchtigkeit, die ich als Kind immer mit der Kaserne auf dem Dänholm, in der meine Großmutter arbeitete, assoziierte, die aber viel, viel älter ist.

Heute weiß ich, es ist der Militarismus, der so riecht. Der herrscherunabhängige, zeitlose Geruch des deutschen Kasernenwesens. Alle haben sie dieselbe Ausdünstung gehabt: die Kaiserkasernen, die Wehrmachtskasernen, die NVA-Kasernen.

In diesem Geruch liegt die Chance, die Prora vertan hat. Man hätte hier an diesem Ort beispielhafter als irgendwo sonst in unserem ganzen großen Land zeigen können, wie eine Diktatur sich bei der anderen bedient. Wie eine Uniform durch die andere ausgetauscht wird und die Farbabweichung hinterher erstaunlich wenig auffällt. Und wie gefährlich es ist, sich einer politischen Idee bedingungslos zu verschreiben. Egal welcher.

Man hat sich für einen anderen Weg entschieden.

In gewisser Hinsicht ist auch dieser freilich lehrreich: Zu guter Letzt soll Prora nun doch noch sein Schicksal als gigantische Massenferienanlage erfüllen. Die ersten Blocks des KdF-Bades sind bereits verkauft und saniert. Wenn da mal nicht in der Hölle die Sektkorken knallen ...

Ich persönlich frage mich nur, was genau daran eigentlich erquickend sein soll, mit Tausenden von Menschen im selben Haus auf engstem Raum, ohne Ausweichmöglichkeit auf einem abgelegenen, betonierten Gelände Urlaub zu machen. Für mich ist und bleibt das Wort Massenerholung ein Oxymoron.

Die eleganten Seebäder im Südosten der Insel sind weithin berühmt als Urlaubsorte für vornehme Touristen und jene, die sich dafür halten. Die Bäder sind teuer, aber nicht exklusiv. Das Einzige, was man heute wirklich für Binz, Sellin, Baabe oder Göhren braucht, ist ein Hang zu Laubsägebarock und Menschenmengen.

Wie so vieles in der DDR hat die Wende auch die weißen Villen der Rügener Bäder vor dem Zusammenbruch bewahrt.

Heute sind sie auferstanden, strahlen mit ihren überdachten Veranden, den langen Promenaden und neuen Seebrücken frisch gestrichen um die Wette und erfreuen sich größter Beliebtheit.

Der Reiz der Bäder besteht vermutlich darin, dass man (die modernen Badelatschen- und Regenjackenträger in den Fußgängerzonen weggedacht) sich in ihren zauberhaften Kulissen in die gute alte Zeit zurückversetzen lassen kann. In die gute alte Zeit, von der keiner so genau weiß, wann sie eigentlich war.

In jedem Fall früher. Als die Damen bei den Spaziergängen auf der Promenade noch zierliche Sonnenschirme in den spitzenbehandschuhten Händen trugen und die Herren galant plauderten. Als man sich vornehm in die windgeschützten Strandkörbe lehnte und den dicken Möwen die Reste des Kuchens zuwarf, den die Dienerschaft einem samt Tee ans Ostseeufer hinterhergetragen hatte. Als der Wind die opulenten Hüte vom Kopf und die Rockschöße hoch wehte. Abends half einem das Mädchen, bevor es die heiße Schokolade brachte, aus dem Korsett und in die kuscheligen Wolldecken auf den ausladenden Korbsesseln. Muss das schön gewesen sein …

Das war sogar ganz sicher sehr schön. Der Trugschluss besteht nur darin, dass wir uns in diesem Film alle als Teil der Herrschaft sehen statt (wie es Statistik und Vernunft geböten) im hart schuftenden Personal.

In einem Reiseführer las ich diesbezüglich vom »großen Ball der mondänen Seebäder«. Das ist hübsch gesagt, aber ich muss da, ehrlich gesagt, nicht mittanzen. Zu viel Schein ist mir stets suspekt. Wenn ich das Geld hätte, in Binz an der Uferpromenade zu nächtigen, würde ich es dazu verwenden, mir auf Wittow oder Jasmund ein Haus an der Steilküste zu mieten. Mit

Schwedenblick. Aber das ist meine private Vorliebe. Nicht jeder schätzt die Einsamkeit. Natürlich ist objektiv nichts gegen die Seebäder einzuwenden.

Das Prinzip des Badeurlaubs ist in Norddeutschland noch nicht sehr alt. Es kam erst Anfang des 19. Jahrhunderts auf. Zunächst badete man in großen Wannen, die für diesen Zweck mit gewärmtem Meerwasser gefüllt wurden. Davon zeugt noch das alte Badehaus Goor in Lauterbach, in dem sich heute ein Wellnesshotel befindet.

Wenig später kamen die kurenden Großstädter, zumeist wohlhabende Berliner, darauf, dass das echte Meerwasser zwar kälter, aber noch schöner und gesünder ist, wenn man direkt hineingeht. Meereswellen sind eben kein Vergnügen, das sich so einfach durch Badewannenplanschen ersetzen lässt. Also griff nach und nach das Seebaden an der frischen Luft um sich. Damit die Sitten nicht in derselben Geschwindigkeit verfielen, wie die Zahl der Fremdenverkehrszimmer wuchs, wurde umgehend damit begonnen, Männer und Frauen an den offenen Stränden zu trennen, was in den geschlossenen Wannenbadeanstalten selbstverständlich Usus war. Also wurden für die Herren Kabinen zum Umziehen aufgebaut und die Damen gleich komplett in sogenannten Badekarren ins Meer gefahren, von wo sie dann über eine kleine Treppe direkt ins Wasser gingen. Äußerst vornehm und fürchterlich umständlich.

Der große Aufschwung kam 1895 mit der Inbetriebnahme einer Schmalspurbahn im Süden Rügens. *Rasender Roland* nennt man dieses Gefährt mit seiner auffälligen alten Dampflok. Der *Rasende Roland*, der später auf der ganzen Insel von Altefähr bis Wiek verkehrte, wird heute nur noch auf seinem historischen Streckenabschnitt zwischen Putbus, Binz und Göhren betrieben. Nicht als ernst zu nehmendes Verkehrsmittel, sondern als einträgliche Touristenattraktion.

Für Binz, das bis heute touristisch aus seinem direkten Bahnanschluss Nutzen zieht (allerdings aus dem richtigen ans deutsche Fernstreckennetz und nicht dem der schnaufenden Rügener Spielzeugeisenbahn), war das der Durchbruch. Die KdF-Anlage Prora war einst für 20 000 Urlauber gleichzeitig gedacht. Auf Zweiwochendurchgänge gerechnet, hätten allein in der dreimonatigen Sommersaison nacheinander 120 000 Gäste von Prora aus die Strände überschwemmt. Das schafft Binz heute locker ohne fremde Hilfe. Kamen 1870 noch achtzig angemeldete Badegäste im Jahr, waren es 1909 schon über 21 000. 2008 lag der Ort bereits bei 390 000 Besuchern. Tagesgäste nicht mitgezählt.

Im 19. Jahrhundert waren die Menschen auf Rügen froh über den einsetzenden Besucheransturm, denn so konnten sie sich neben dem traditionellen Fischfang und Ackerbau andere Einnahmequellen sichern. Vor allem im Süden wurden aus winzigen Fischerdörfern am Strand in großer Eile prächtige Villenorte mit Kurpromenaden und Kaffeehäusern. Heute lebt die Insel fast ausschließlich vom Tourismus.

Aus der zentral gelenkten Volkserholung im »Dritten Reich« wurde bekanntlich nichts. Doch auch hier gaben sich einmal mehr die beiden deutschen Diktaturen des 20. Jahrhunderts den Staffelstab in die Hand. Der staatlich organisierte Massenansturm, wie Hitler ihn sich ausgedacht hatte, setzte nach dem Zweiten Weltkrieg in der DDR tatsächlich ein.

Privatwirtschaftlich profitierte davon allerdings niemand mehr.

Die Bäder tun heute mit ihrem nostalgischen Charme ein bisschen so, als wäre die Zeit Anfang des 20. Jahrhunderts stehen
geblieben, aber das stimmt natürlich nicht, und eigentlich wissen das gerade die Ostseebäder sehr genau.

Vielleicht wollen sie auch einfach vergessen. Die Wunden,
die die »Aktion Rose« hinterlassen hat, sind bis heute nicht
vernarbt. Im Verlauf der gut vorbereiteten Enteignungsaktion
wurden im Frühjahr 1953 in einer einzigen Nacht entlang der
gesamten DDR-Ostseeküste fast 500 Pensionen und Hotels und
über 160 geschäftsflankierende Wirtschaftsbetriebe beschlag-
nahmt und verstaatlicht sowie Bargeld, Familienschmuck und
private Konten eingezogen. Die Rede ist bei der »Aktion Rose«
also nicht von ein paar konfiszierten Gartenlauben zum Wohle
des Volkes.

Die Hoteliers, Pensionsbesitzer und Gewerbetreibenden
wurden bei der damit einhergehenden Verhaftungswelle in Ar-
rest genommen, was die Zahl der Häftlinge in den finsteren,
von vielen solcher Kampagnen gekennzeichneten DDR-Jah-
ren 1952/1953 sprunghaft verdoppelte. Als die Demonstranten
des 17. Juni 1953 vor den Gefängnissen die Freilassung der Inhaf-
tierten forderten, saßen darin 67 000 Menschen ein, von denen
viele ohne richtigen Prozess zu Freiheitsstrafen verurteilt worden waren. Manche nur, weil sie in ihren eigenen Wohnhäusern
Ferienzimmer angeboten hatten.

Nach der »Aktion Rose« wurden die meisten Häuser der Ent-
eigneten zu Ferienheimen umfunktioniert, die wiederum ab
1956 der Freie Deutsche Gewerkschaftsbund übernahm. Später
kamen in allen Ostseebädern neue Urlauberunterkünfte und
die obligatorischen Plattenbauten dazu. Einigen von ihnen wurden nach der Wende Metallkonstruktionen umgeschnallt, die

an die Holzbalkone der alten Villen erinnern sollen. Verständlich, der Ostseebadreisende von heute will einen wetterfesten Austritt am Zimmer, aber irgendwie wirkt es doch, als hätte man Honecker einen Kaiserbart angeklebt.

Dass die Ostseebäder Rügens und ich wohl nie enge Freunde werden, hat verschiedene Gründe. Alle sind persönlicher Natur, keiner über jeden Zweifel erhaben, und manches ist schlicht jahreszeitenabhängig.

Mir ist es dort meistens zu voll, zumindest in der Hochsaison. Wer an einem frühen Morgen von der Seeseite aus gesehen hat, wie die Strandkörbe von Binz, Göhren oder Sellin in Reih und Glied wie eine Kompanie Soldaten im Sand aufgereiht stehen und auf die Badegäste warten, weiß, was ich meine. Überall, vor jeder Postfiliale und Eisdiele, muss man Schlange stehen. An den Stränden drängen sich Badende, Buddelnde, Ballspielende, Sonnende, Spaziergänger, Strandkörbe, Schwimmbananen, Luftmatratzen, Zeltmuscheln, Sonnenschirme dicht an dicht, und stetig liegen ein leichter Geruch nach Fast Food und das Gedudel von Drehorgeln in der Luft.

Das halte ich nie lange aus. Die Begegnung mit dem Meer ist für mich viel zu intim, als dass ich sie auf solchen Strandjahrmärkten zur Schau stellen wollte. Je älter ich werde, desto wunderlicher benehme ich mich in diesem Punkt. Dabei spielen sicher auch Gewohnheiten eine Rolle: Die Schaabe ist auch nicht gerade ein einsames Gestade (obschon ungleich leerer als die Strände der Seebäder), doch ihr verzeihe ich das aus alter Liebe leichter. Zumal ich im Rückblick darauf schaue. Es ist Jahrzehnte her, dass ich während der Sommerferien dort war.

Aber das eigentliche Problem, das ich mit den Ostseebädern

habe, ist eines, wofür die Orte selber gar nichts können: Es beleidigt mich einfach ein wenig, dass ausgerechnet die Seebäder, die nicht nur auf Rügen alle gleich aussehen (meine Oma pflegte zu sagen: »Kennste Binz, kennste alle!«), sondern die man in identischer Ausführung auch auf Usedom oder anderswo an der Ostseeküste finden kann, in der Außenwahrnehmung das Bild meiner einzigartigen, wunderschönen, abwechslungsreichen Insel prägen. Das hat Rügen in seiner Vielfalt nicht verdient.

Doch selbstverständlich bin auch ich schon dem lockenden Charme der Bäder erlegen. Nur eben nie in den Sommermonaten, sondern im Winter. Denn sobald sich der Zustrom der Gäste auf ein erträgliches Maß heruntergepegelt hat, wird endlich der Blick auf die Schönheit dieser kleinen, alten Badeorte frei.

An kalten, dunklen Nachmittagen, wenn man mit halb gefrorener Nase von Spaziergängen am leeren Strand oder auf der Seebrücke zurückkommt, dann sind das Licht hinter den Fenstern der schönen weißen Häuser mit ihren Schnitzereien, die Wärme in den gemütlichen Cafés und das Wissen um andere Menschen in der Nähe wohltuend und wunderbar. In solchen Momenten ist die Geselligkeit hier genau das Richtige und wirklich sehr empfehlenswert.

Die Dinge haben eben immer zwei Seiten. Auch zwischen Binz und Göhren.

Die Romantik des Boddens.
Von Mönchgut über Vilm bis Hexenbusch

In dem Sommer, bevor der dornige Staat meiner Kindheit sich aufzulösen begann, fuhr ich mit meinem damaligen Freund nach Rügen zum Zelten. Der Wahl unseres genauen Urlaubsorts auf der Insel ging ein langer Kampf voraus, weil Rügen für mich immer und kompromisslos Wittow heißt, Hagen aber unbedingt auf die Halbinsel Mönchgut wollte. Natürlich setzte ich mich am Ende durch (ich war schließlich ein Mädchen), und so trampten wir nach Nonnevitz. Das Glück währte nur kurz, denn wir wurden schon am ersten Morgen von dort wieder vertrieben, weil wir keinen Zeltschein hatten und der Platzwächter äußerst ungnädig war.

So ließ ich mich überreden, und wir zogen weiter in den Süden nach Thiessow. Was für eine gute Entscheidung.

Es wurden sehr romantische Tage dort am Fuße der Hügel von Groß und Klein Zicker. Nicht nur, weil wir siebzehn Jahre alt, schwer verliebt und noch fast ohne Narben waren.

Mönchgut, auf dem die Ostseebäder Göhren, Baabe und ganz knapp an der Verbindung zum Inselkern auch Sellin liegen, ist vollkommen anders als der wild-raue Norden, aus dem ich stamme. Kaum zu glauben, dass beides Teile derselben Insel sind.

Die Boddenlandschaft von Mönchgut ist ein beliebtes Ausflugsziel der Rügenbesucher. Das hat einerseits mit der Nähe der Ostseebäder zu tun, andererseits mit dem überaus großen

Reiz der hiesigen Natur. Denn obwohl meine persönliche Neigung ganz klar beim Norden Rügens liegt, muss ich zugeben: Mönchgut ist wunderschön, von unsagbar versponnener Lieblichkeit. Seine Küste, zu einer Seite die Ostsee, zur anderen der Greifswalder Bodden, ist außerordentlich zerklüftet, sodass man von jeder Bucht aus einen großartigen Blick über das Wasser hat, über das sich erhebende Land, über die alten, malerischen Strohdachhäuser. Zumal man häufig von oben hinunterschaut, denn man befindet sich hier im Gebiet der »Zickerschen Alpen«. Die Anführungsstriche sind ernst zu nehmen, der höchste Gipfel dieses »Gebirges« liegt neunundsechzig Meter über dem nahen Meeresspiegel. Aber das reicht. Vom Mönchguter Bakenberg aus überblickt man die ganze Gegend. Den Süden Rügens, die kleinen Häfen, das Festland gegenüber und die Inseln im Bodden.

Als ich damals mit Hagen nach Groß Zicker gewandert bin, saßen wir dort oben auf den Wiesen im Gras, haben zusammen geraucht, gesungen und sind glücklich die Abhänge hinuntergerollt. Mitten durch die Kuhfladen. Es waren die letzten Ferien in der DDR.

Ich habe mehrfach gelesen, dass die Hügel der beiden Zicker einsam sein sollen, aber verstanden habe ich es nicht. Jedes Mal, wenn ich dorthin gefahren bin, war die Hölle los. Vor allem in Klein Zicker, wo sich auf dem Hochuferweg Unmengen Besucher langsam die Hügel hinaufschieben, überall stehen bleiben und die wenigen Pfade verstopfen. Mich hat das jedes Mal an eine Brockenwanderung erinnert, die ich vor ein paar Jahren unternahm, auf der es, je mehr man der Spitze des Blocksbergs entgegenging, auch immer enger wurde. Der Strand vor Kreptitz ist jedenfalls viel einsamer als die Hügel von Mönchgut. Der zwischen Glowe und Lohme sowieso. Da ist man eigentlich immer ganz allein.

Doch alle Touristen, auf die ich in den beiden Zickern getroffen bin, waren, ob nun in großen oder kleinen Gruppen unterwegs, gut gelaunt und freundlich. Wie auch nicht in dieser Natur, die jeden mit ihrer bescheidenen, sanften Art zum Lächeln bringt.

Hier unten, an dieser traumhaften Stelle Rügens, wollten die Schweden, als sie noch die Herren der Insel waren, eine Stadt bauen. Gustavia sollte sie heißen und endlich einen richtigen Handelshafen am Bodden entstehen lassen. 1806 wurde der Befehl zum Bauen von Gustav IV. Adolf erlassen, man fertigte Pläne an und begann mit den ersten Arbeiten in Klein Zicker. Als die Truppen Napoleons wenig später Rügen besetzten, war es vorbei mit der Zicker'schen Stadtplanung. Was die Schweden beim Abzug an Baumaterial nicht auf ihre Schiffe retten konnten, rissen sich die Franzosen unter den Nagel. Zurück blieb das ursprüngliche Mönchgut mit seinen Fischern, Bauern und den kleinen Dorfstrukturen. Grade noch mal gut gegangen, würde ich sagen …

Das bekannteste der alten Häuser von Mönchgut steht in Groß Zicker. Das Pfarrwitwenhaus aus Holz und Lehm ist eines der frühesten erhaltenen Gebäude der Insel und ganz sicher eines der hübschesten mit dem blumenfrischen kleinen Garten vor der Tür und der Inselkulisse im Hintergrund. »Niederdeutsches Hallenhaus« nennt man diesen im Norden verbreiteten traditionellen Bauernhaustyp, bei dem sich Ställe, Scheune, Tenne und Wohnbereich zusammen unter einem Schilfdach befanden. Im Pfarrwitwenhaus ist heute ein kleines Heimatmuseum untergebracht.

Die Ostküste von Mönchgut, mit den Bädern im Norden und Thiessow, das wie Sassnitz nach der Wende sein ß gegen ein Doppel-s tauschen musste, im Süden, lebt vom Badebetrieb. Die langen Strände von Mönchgut, die sich vom Südperd in Thiessow bis zum Nordperd unterhalb Göhrens und von dort aus nonstop bis Sellin ziehen, sind berühmt für ihre Schönheit. Wie an anderen Stellen der Insel auch schützen ein schmaler Wald und eine strandhaferbewehrte Düne vor Sturmhochwassern.

Als Hagen und ich hier 1989 zelteten, waren Campingplätze für mich völliges Neuland. Ich hatte ja die ganze Küste voller Verwandter, Bekannter, Freunde meiner Mutter oder Oma. Meine Tante Heidi mit ihrer Familie in Wiek und meinen leiblichen Vater mit meinen Halbgeschwistern in Dranske sowieso. Auf Zeltplätze, Jugendherbergen oder Gästezimmer war ich an der Ostsee nie angewiesen.

Später habe ich sehr überrascht zur Kenntnis genommen, dass viele DDR-Bürger damals nie auf Rügen waren, weil sie keine persönlichen Kontakte dorthin hatten und für einen der begehrten FDGB-Urlaubsplätze nicht infrage kamen, für die man zwar nicht in der Partei, aber doch einigermaßen vorbildlich sein musste. Das hing immer von den Leuten der jeweiligen Betriebsgewerkschaft ab.

Im Zweifel blieb nur der Zeltplatz, auf den man jedoch auch nicht einfach so kam. Es kursieren heute wilde Gerüchte über mit Trabi-Ersatzteilen bestochene Campingplatzwarte und abenteuerliche Schwarzzeltaktionen an der Ostseeküste, bis man schließlich doch erwischt wurde, aber an meinem Leben ging das damals alles vorbei.

Mit dem Wort Zeltschein verband ich in erster Linie das Lied *Wenn der Urlaub kommt* von Manfred Krug, das er auf einer von

Mamas Jazzplatten sang: »Also nimm dein Zelt und fahr wieder rauf, hoch zur Küste, da auf den Zeltplatz. Da passt einer auf, ob du 'n Zeltschein hast, und wenn nicht, oh, dann kriegst du Ärger! Du bist so ein Enthusiast und kommst nicht an die Bucht – ohne Zeltschein haben das ganz andre schon versuuucht, uuuuuhhhh.« Schlagzeug, Jazzbesen, Saxofon, dwii dubbndubidooh wiipwap.

Großartig. Groovender Realsozialismus.

Meine eigenen Campingerfahrungen beschränkten sich bis zu dem Urlaub in Thiessow auf ein Indianerzelt, das meine Großmutter mir zusammen mit einem Häuptlingskostüm, einer bunten Federkrone und einer improvisierten Friedenspfeife zum siebten Geburtstag geschenkt hatte und in dem ich eine Zeit lang auf dem Fußboden meines Zimmers schlief. Dabei ragten meine Beine fast bis zu den Knien aus dem Eingang des kleinen Tipis hervor, denn es war ja eher für zwei im Schneidersitz hockende als ein ausgestreckt schlafendes Kind gedacht.

Obwohl Hagen und ich unangemeldet und selbstverständlich ohne Zeltschein auf dem flachen, fast baumlosen Campingplatz von Thiessow ankamen, durften wir ein paar Tage bleiben. Der Zeltwart hatte Mitleid mit uns.

Vielleicht war dieser Zeltwart verzweifelte junge Menschen auf der Suche nach einem Schlafplatz auch gewohnt, denn Thiessow war zu DDR-Zeiten das große Surferparadies. Ausreichend starken Wind gab es zwar überall an der Ostseeküste und auf Rügen, aber an den meisten Stellen war Wassersport nicht gestattet. Die Küste war schließlich Grenzgebiet. Doch Thiessow lag so überwachungsgünstig, so nah am Bodden und so weit im Osten, dass die Behörden hier Surfer zuließen.

Heute gehören Jachten, Segel, Surfbretter, Paddelboote ganz selbstverständlich an jedes Ufer der Ostsee, aber damals unterlag der Wassersport strengen Reglementierungen. Härter noch als die sportbegeisterten Surfer traf das die Seesegler, für die die Freiheit des Meeres nicht nur unter dem Kiel ihres Schiffes, sondern auch im Kopf unabdingbar ist.

Du freier Mensch, du liebst das Meer voll Kraft,
Dein Spiegel ist's. In seiner Wellen Mauer,
Die hoch sich türmt, wogt deiner Seele Schauer,
In dir und ihm der gleiche Abgrund klafft.

So dichtete Baudelaire vor 150 Jahren in den *Fleurs du Mal*.

Ihren Hang zu Selbstbestimmung beweisen Segler schon in der Wahl des Hobbys. Allein das reichte in einem Land, das seine Bürger einsperrte, um suspekt zu sein.

Nicht grundlos. Segler wissen, dass der Blick auf die Linie des offenen Meeres sich von dem aller anderen Horizonte unterscheidet. Am Ende einer Landschaft geht die Erde weiter. Doch am Ende des Meeres ist nur der Himmel. Das macht aus der See diesen offenen, magischen Nicht-Ort, wie es einen vergleichbaren auf der Welt nicht gibt. Alles kann hier, vor der glatten Fläche des Wassers, gedacht, gewünscht und gefühlt werden. Der Blick auf die Unendlichkeit löst jede Blockade. Scham vor der Größe von Wünschen gibt es nicht, Angst vor der Tiefe der eigenen Empfindungen vergeht. Nur raus damit. Welche Natur die Träume haben oder wie realistisch sie sind, spielt keine Rolle. Sie haben alle Platz in der verschwiegenen Weite der See.

Das war auch in der DDR nicht anders, und so zogen Segler auf dem Meer besonderes staatliches Misstrauen auf sich. Auf der Ostsee vor Rügen, die im sozialistischen Amtsdeutsch »innere Seegewässer im Bereich der Grenzzone« hieß, herrschte striktes Anker- und Nachtsegelverbot. Freies Segeln war ausschließlich in der leicht kontrollierbaren Wismarer Bucht und den Boddengewässern möglich. Nach Sonnenuntergang galt auch dort Passierverbot, es sei denn, man hatte die von insgesamt fünf verschiedenen Behörden zu genehmigende Nachtsegelerlaubnis.

Die Außenküsten waren nur im Rahmen offizieller Regatten (zu denen längst nicht jeder zugelassen wurde) oder bei angemeldeten Schiffsüberführungen befahrbar. Nur wer den begehrten Segelschein für die Territorialgewässer besaß, den PM 18, der jedes Jahr neu beantragt werden musste, durfte tagsüber auf dem Hoheitsgewässer der DDR segeln. Über die Vergabe dieser Bescheinigungen entschied selbstverständlich das Ministerium für Staatssicherheit selbst. In dessen geheimer Richtlinie zur Durchführung von Sicherheitsüberprüfungen (GVS MfS 0008/14/82) gab es sogar einen eigenen Absatz bezüglich der Überwachung von PM 18-Besitzern, also Seeseglern.

Trotzdem kam es natürlich immer wieder zu Fluchten auf Segeljachten. Auch der berühmteste Segelmacher der DDR, der Rostocker Willi Gaeth (der sich zur Republikflucht entschloss, nachdem ihm die Nachtsegelerlaubnis entzogen wurde!), entkam im Juli 1975 gemeinsam mit seiner Frau und den zwei Kindern über das Wasser. Sie flohen mit ihrer Jacht *Tornado* vom Darßer Ort aus in einer aufsehenerregenden Aktion in den Westen: Auf offener See lösten sie beinahe eine militärische Auseinandersetzung aus, als sie von einem Wachschiff des Bundesgrenzschutzes in Schlepp genommen wurden und daraufhin drei schwer bewaffnete und gefechtsbereite Schnellboote der Grenzsicherungsorgane erbittert die Verfolgung aufnahmen. Die Treibjagd dauerte mehrere Stunden. Erst nach dem Eintreffen zweier NATO-Kampfhubschrauber drehten die DDR-Grenzer schließlich bei.

Als später bekannt wurde, wer da über die Ostsee entkommen war, mussten alle DDR-Skipper vor den anstehenden Regatten und Segelwettbewerben des Landes auf oberste Anweisung den schwarzen Katzenkopf, das Symbol des Segelmachers, aus ihren Segeltüchern schneiden. Deutlicher hätte man die gute Nachricht der geglückten Flucht Willi Gaeths gar nicht verbreiten können.

Als nach der Wende die Tore der Waldsiedlung in Wandlitz bei Berlin geöffnet wurden und sich zeigte, dass der legendäre Luxus der Partei- und Staatsführung, die dort abgeschottet von der Wirklichkeit auf einem 200 Hektar großen Gelände hinter hohen Zäunen und Sicherheitsmauern gelebt hatte, die Verhältnisse eines durchschnittlichen westdeutschen Vororts nicht übertraf, schlug die anfängliche Empörung in Ungläubigkeit um. Es ist eine Sache, jahrzehntelang der Freiheit beraubt und allgegenwärtig in Angst vor Repressalien versetzt zu werden. Es ist eine andere, zu erkennen, dass die Verantwortlichen Kleingeister in spießigen Einfamilienhäusern waren.

Ähnliche Gefühle beschlichen auch die ersten Besucher der Insel Vilm, die südlich von Mönchgut vor Lauterbach im Rügischen Bodden, im nördlichen Teil des Greifswalder Boddens, liegt. Auf Vilm machten die DDR-Oberen, wie meine Oma sie nannte, Urlaub. Außer Egon Krenz, der ein Haus in Dierhagen nahe dem Fischland direkt hinter dem Deich besaß. Seit seiner Haftentlassung 2003 lebt er dort ganzjährig.

Vilm wurde 1959 gesperrt und zur offiziellen Erholungs-
insel des Ministerrats erklärt. Seitdem reizten die exklusiven
Ferienhäuser die Fantasie der DDR-Bürger in ähnlicher Weise
wie die vermeintlichen Protzvillen in Wandlitz. Doch auch auf
Vilm bewiesen Honecker und seine Genossen eher einfachen
Geschmack. Die ordentlich in einer Zweierreihe aufgestellten
Reetdachhäuser mit Kegelbahn und Badesteg waren zwar für
DDR-Verhältnisse erstklassig, sind aber nichts im Vergleich zu
heutigen Ferienanlagen für Besserverdienende.

Seit 1990 darf Vilm wieder öffentlich betreten werden. Allerdings in Maßen. Um die Natur der kleinen Insel zu schützen,
ist der Besuch nur ein Mal täglich in einer geführten Gruppe
von maximal dreißig Personen zugelassen. Wobei der Schwer-
punkt nicht auf der ehemaligen Ferienanlage des Ministerrats
liegt, deren Gebäude heute als Gästehäuser der Internationalen Naturschutzakademie Insel Vilm dienen, sondern auf dem
Wald rundherum.

Der Urwald von Vilm ist in gewisser Hinsicht eines der ältesten lebenden Naturdenkmäler Rügens. Schon Anfang des
19. Jahrhunderts wurde aus Gründen des Walderhalts die Ab-
holzung auf dem winzigen Eiland von Amts wegen einge-
schränkt, später ganz verboten. 1936 wurde der Status als Naturschutzgebiet offiziell. Der märchenhafte Forst, in dem manche der knorrigen Riesenbäume 600 Jahre alt und dreißig Meter
hoch sind, ist ein fast mystischer Ort.

Mit seiner wilden Ursprünglichkeit bildet er den größtmög-
lichen Kontrast zur sorgfältig gezirkelten Parklandschaft von
Putbus, der Fürstenresidenz, zu der Vilm wie alle Orte am Rügischen Bodden zwischen Altkamp und Groß Stresow administra-
trativ gehört. Die »Weiße Stadt« wurde immer großflächig ab-

gesperrt, wenn die Herren vom Ministerrat mit ihren Damen zum Einkaufsbummel kamen. Angeblich wurden eigens für diesen Zweck große Mengen Lebensmittel und andere Waren in die leeren Geschäfte gelegt, damit vor der Regierung kein richtiger Eindruck über die Zustände im Land entstünde ... Ob die Legende von diesem Kasperltheater stimmt, weiß niemand genau, denn die nicht gekauften Waren sollen hinterher wieder mitgenommen worden sein. Wundern würde es mich jedenfalls nicht.

Unweit von Neukamp stand bis vor wenigen Jahren direkt am Ufer des Boddens eine der beiden sogenannten Preußensäulen, die hier Mitte des 19. Jahrhunderts vom preußischen König Friedrich Wilhelm IV. in Erinnerung an zwei seiner ruhmreichen Vorgänger aufgestellt wurden. In Neukamp wurde Kurfürst Friedrich Wilhelms I. (nicht zu verwechseln mit dem gleichnamigen Soldatenkönig) und seiner Verdienste um Rügen im Schwedisch-Brandenburgischen Krieg gedacht, in Groß Stresow König Friedrich Wilhelms I. in Preußen (das ist der Soldatenkönig), der sich im Großen Nordischen Krieg tapfer für das Wohl der Insel schlug.

Die beiden über fünfzehn Meter hohen Säulen mussten nach der Wende samt Statuen und Sockel aus Gründen der Standfestigkeit abgebaut werden und harren seitdem ihrer aufwendigen Restaurierung.

Zu DDR-Zeiten aber standen sie beide am Ufer, Vilm direkt gegenüber, und sahen aus fünfzehn Metern Höhe von zwei Seiten auf die badenden Bonzen. Vor allem der überlebensgroße Kurfürst muss in seiner kämpferischen Feldherrnpose, angriffslustig den Degen über dem Kopf schwingend, von der Insel aus ein eigenartiges Bild abgegeben haben.

Ganz in der Nähe der Preußensäule von Neukamp suchte ich vor einiger Zeit mal vergeblich nach einem Hünengrab mit dem schönen Namen Hexenbusch. Ich habe jeden Einheimischen und Wanderer am Wegesrand gefragt. Niemand wusste so recht, wo das sein sollte. Trotzdem haben alle angestrengt nachgedacht, mit ausgestreckten Armen in verschiedene Richtungen gewiesen und mich dann jeder woandershin kreuz und quer übers Feld geschickt.

Am Ende bin ich unverrichteter Dinge abgezogen und habe mich stattdessen unten am Ufer auf einen Stein im flachen Wasser gesetzt. Es war ein Paradies absoluter Ruhe. Ich lehnte eine Stunde mit geschlossenen Augen dort in der warmen Sonne und hörte dem wellenlosen Wasser zu, das an den Stein schwappte wie von einem Perpetuum mobile angetrieben, denn es gab keine Bewegung sonst, nicht im Wind, nicht auf dem Bodden. Trotzdem plätscherte es ohne Pause im ewig gleichen Rhythmus und lullte mich in eine angenehm bedürfnislose Mattigkeit wie Busfahrten auf einer geraden Landstraße.

Nicht jeder Megalithbau ist gleich ein Stonehenge. Inzwischen weiß ich, dass ich an diesem Nachmittag Hexenbusch sehr wohl gefunden, den Haufen wild überwucherter Findlinge unter ein paar Büschen, der mir durchaus aufgefallen war, jedoch nicht als Hünengrab identifiziert hatte. Ich dachte, die LPG hätte dort ein paar besonders große, störende Findlinge vom Feld abgeladen.

Es war nicht mein erstes Hünengrab-Missverständnis. Verbal war mir schon mal etwas Ähnliches passiert. Allerdings liegt diese Geschichte viele Jahre zurück. Obwohl es auf Rügen über fünfzig mehr oder weniger gut erhaltene Hünengräber gibt, waren mir als Kind weder dieser Umstand noch der Begriff irgendwie bekannt. Deshalb wusste ich nicht, wovon Josef, ein tschechischer Freund meiner Mutter, sprach, als er mich in Prag nach »Hunengräben auf Rügen« fragte. Ich war ein Teenager und so ahnungslos, dass ich sein leicht schiefgegangenes Deutsch nicht richtig zuordnen konnte und darum in aller Einfalt annahm, er spräche von »Hühnergräbern«. Also erklärte ich ihm, dass man Hühner bei uns isst und nicht beerdigt. Er war etwas beleidigt, weil er glaubte, ich machte mich über seine Deutschkenntnisse lustig, dabei war ich selbst die Doofe. Ich als Ostseekind wusste nicht, was ein Hünengrab ist.

Nachdem ich mich später ein bisschen damit beschäftigt hatte, wurde mir klar, dass so manche unscheinbare Ansammlung alter Steine, die ich von meiner Insel kannte, in Wirklichkeit ein bedeutendes Bodendenkmal ist.

Heute kann ich Hünengräber von Hügelgräbern unterscheiden (das ist nämlich keineswegs dasselbe), aber welche Funktion Erstere hatten, ist mir noch immer nicht klar. Ging die Forschung lange davon aus, dass es sich bei den riesigen Dolmenanlagen grundsätzlich um Gräber oder wenigstens totenkultische Stätten handelte, gilt das mittlerweile als umstritten, denn in vielen dieser Großsteinbauten sind keinerlei Knochenspuren gefunden worden. Es bleibt ein Rätsel.

Der Name Hünengrab geht genau wie seine Synonyme Riesengrab oder Hünenbett auf den konsequent logischen Volksmund des niederdeutschen Mittelalters zurück, der auf seine Weise erklärte, was anders nicht zu erklären war: Nur Riesen konnten Steine solchen Ausmaßes aufeinandergestapelt haben.

Was das betrifft, sind die Fachleute bis heute nicht entscheidend weitergekommen. Denn während die volkstümliche Theorie mit den Riesen ein durchaus passables Argument für den

Transport und das Handling der tonnenschweren Findlinge liefert (von denen einige auf Rügen geologisch nicht vorkommen), erhellt die wissenschaftlich vermutete, gänzlich hünenfreie Verwendung von Schiffen gerade mal die Anfahrt der Megalithen über das Wasser, nicht aber ihren Weg über Land zu den Großsteinanlagen. Auch die Datierung ist nicht ganz eindeutig. Von mindestens 5000 Jahren sollte aber ausgegangen werden.

6000 Jahre oder 3000. Trichterbecherkultur oder doch nicht. Gerollt, geschoben oder gezogen. Mir sind diese archäologischen Feinheiten egal, denn entscheidend ist, dass es die Hünengräber von Rügen gibt. Ich finde sie fantastisch.

Allen voran die Dolmen von Lancken-Granitz zwischen Putbus und Sellin, die nun wirklich jeder Trottel, selbst ich, als etwas Besonderes erkennt, wenn er daran vorbeikommt.

Diese sogenannten Ziegensteine sind sieben direkt nebeneinanderliegende Hünenbetten und gelten als die größte und am besten erhaltene Anlage dieser Art auf Rügen. Auf meiner Karte zeige ich in der Stresower Bucht mit drei dicken Pfeilen darauf, weil ich finde, dass man sie gesehen haben sollte, diese ehernen Geheimnisse unserer Vorfahren. Nicht aus Bildungsgründen, sondern aus purem Vergnügen.

Insbesondere der schnörkellos »Nummer 1« genannte vorderste Dolmen von Lancken-Granitz hat mich beeindruckt. Er befindet sich auf der Anhöhe eines kleinen, maiglöckchenbewachsenen Feldhügels, umgeben von einem Ring mächtiger Eichen, und sieht in seinem vergleichsweise gut erhaltenen Zustand genauso aus wie die winzigen roten Zeichen in Tischform, die auf Landkarten Megalithanlagen symbolisieren.

Abgesehen davon, dass Hünengräber ursprünglich mit allerlei Wert- und Alltagsgegenständen gefüllt waren, die natürlich längst nicht mehr da sind, wurden sie seit Jahrtausenden weder bewegt noch verändert. So wie sie da stehen (wenn sie noch stehen), wurden die Dolmen von den frühen Menschen der Steinzeit aufgebaut. Der Lanckener Stein Nummer 1 trägt deutlich die Spuren ihrer Hände.

Denn da, wo die schwere Querplatte oben auf den lotrechten Tragsteinen aufliegt oder wo zu große Lücken zwischen den Seiten der Wände klaffen, wurden ganze Schichten kleiner Steine sorgfältig in Ecken gedrückt und Zwischenräume gepresst, damit die Findlingskonstruktion besser hält. Bis heute klemmen sie in genau den Ritzen, in die sie eine vom schweren Arbeiten staubige und verhornte Männerhand vor über 5000 Jahren gezwängt hat. Das hat echte Poesie.

Mich hat es jedenfalls sehr gerührt. Auf der Stelle sah ich die Männer in ihren Fellumhängen vor mir, wie sie mit zotteligem Haar nebeneinanderstehen und kritisch das wackelige Dachstück ihres Bauwerks prüfen. Aus drei Schritten Entfernung, mit geschürzten Lippen und einem zugekniffenen Auge Maß nehmend, um dann endlich das entscheidende letzte kleine Stückchen Stein in eine Spalte zu stecken und es mit irgendeinem archaischen Werkzeug festzuklopfen. Was nicht passt, wird passend gemacht. So, fertig.

Dann, damals wie heute, der Ruf des Erschaffers in Richtung Ehefrau. Man hört es förmlich stolz durch den Eichenhain hallen: »Kunigunde, komm mal kucken, wie schön das neue Grab geworden ist!«

Ich mag es, wenn Dinge so sichtbar praktische Vergangenheit haben. Vergangenheit, in der die Menschen sich wiedererkennen. Wir haben eine lange Geschichte, und manchmal weht der Geist unserer Vorzeit eben in der kleinsten Fuge.

Mein Haus am Meer

Es macht mich immer ein wenig nervös, auf Rügen, aber nicht am Meer zu sein. Vielleicht liegt es daran, dass mir der Bodden durch seine Nähe zur See stets das Gefühl gibt, er enthielte mir das Eigentliche vor. Ich kann es nicht ändern, am Bodden beschleicht mich der Eindruck, ich sei in einem Theaterfoyer, von dem aus der Blick auf die tatsächliche Szenerie im Bühnenraum verstellt ist. Ich bin wohl einfach zu maritim gepolt. Und zu ungeduldig in meinem Wesen.

Dabei ist der Strelasund im Süden Rügens bildschön mit seinen stillen Wassern, die sich leise wellen. Das Geräusch des Schilfs im Wind ist fast nur ein Wispern.

Eine Idylle des Friedens, die zuweilen eine erholsame Abwechslung darstellt zur sich aufbäumenden, offenen See, welche mir bei all dem maßlosen Glück auch jedes Mal Kraft abverlangt, denn sie löst sofort diese wilde Sehnsucht in mir aus, die bisweilen nicht leicht zu beherrschen ist.

Am Bodden, den ich nicht leidenschaftlich liebe wie das Meer, komme ich zwar nie zu mir, aber zur Ruhe.

Meist klingen von irgendwoher verhalten Motorengeräusch, Maschinen der Landwirtschaft oder kleine Boote, die über das Wasser tuckern. Man hört die Vögel und das Brummen der unzähligen Insekten.

Wenn ich mit meiner Großmutter manchmal einen Nachmittag am Bodden verbrachte, schlug ich immer ganze Heerscharen von Bremsen tot, die dort im blinden Blutrausch auf jede Art von Frischfleisch losgehen. Ich kam immer von oben bis unten zerstochen zurück in die Stadt.

Die riesigen juckenden Quaddeln am ganzen Körper haben meine Freundschaft zum Bodden nicht gerade befördert. Die stechenden Plagegeister lieben stehendes Wasser. Ich nicht. Ich habe schon als Kind nicht gern darin gebadet. Später habe ich es ganz gelassen.

Heute muss es schon sehr, sehr heiß sein, damit ich mich überwinden kann, in einem See oder dem Bodden zu schwimmen. Richtig gerne bade ich nur in Flüssen oder an Stränden, die denen meiner Kindheit ähneln: weiß und feinsandig, mit Dünen, sanft vom Seichten ins Tiefe sinkend, am Grund des Wassers nur das Muster, das der Wellenschlag hinterlässt. Selbstverständlich offene See. Alles andere ist mir unangenehm. Zu modrig.

Meine Großmutter und ich fuhren selten an den Strelasund. Wir waren meistens in Altefähr oder auf Hiddensee. Nur im Sommer besuchte Oma mit mir zusammen auf dem Fahrrad gelegentlich eine Kollegin, die in einem kleinen Ausbau nahe der Wamper Wiek wohnte und uns frische Eier, Gemüse und, wenn ihr Mann geangelt hatte, auch ein paar Fische mitgab.

Wir blieben selten lange. Meistens wurde nur ein Stündchen im Garten oder in der großen Küche Kaffee getrunken. Dazu gab es selbst gebackenen Zuckerkuchen und Eierlikör, den meine Oma mitgebracht hatte. Sie zog zwar »einen anständigen Schnaps« entschieden vor, speziell Wodka oder Kognak, aber sie wusste, dass ihre Kollegin nicht ganz so hart im Nehmen war. Für so was hatte meine Großmutter feine Antennen und sagte sich, lieber Klötenköm als ganz auf dem Trockenen sitzen. Also klebriger Eierlikör.

Ich erinnere mich genau, dass wir einmal einen ganzen, frischen Aal bekamen. Das war in der DDR selten, selbst an der Küste. Über Aal sagte man damals, er sei ein Dreifarbenfisch: grün gefangen, golden geräuchert und schwarz verkauft.

Oma sprach den ganzen Rückweg von nichts anderem als der kostbaren, schlangenhaften Beute in ihrer Tasche. Als wir in der Frankenvorstadt angekommen waren, packte sie den Aal sofort aus, um ihn zu waschen, in fingerlange Stücke zu schneiden und vor dem Braten in Mehl zu wenden. Ich stand die ganze Zeit fassungslos neben ihr in der schmalen Küche und kämpfte mit meinem Entsetzen. Das Tier wand sich und zuckte, als wäre es nicht längst tot, sondern würde gerade lebendigen Leibes auf besonders brutale Art gefoltert. Noch in der Pfanne sprangen die Happen herum, und als sie schließlich leblos auf meinem Teller lagen, stand ich wortlos auf, ging auf die Toilette und übergab mich.

Meine Großmutter neigte beim Mäkeln nicht eben zur Nachsicht, aber in diesem Fall ließ sie es auf sich beruhen. Es ist durchaus denkbar, dass sie deswegen nicht so streng war, weil sie den prächtigen Aal nun für sich alleine hatte. Sie liebte Fisch. Vor allem Aal und Flunder.

Ich liebe Fisch auch, aber Aal habe ich bis heute nicht gegessen. Weder geräuchert noch gebraten noch sonst wie. Als ich mit zwölf Jahren das erste Mal *Die Blechtrommel* im Fernsehen sah, war es endgültig vorbei.

Die wichtigste Angelzeit auf Rügen sind die Frühjahrsmonate. Es ist ein kleines Spektakel, die Hundertschaften von Hobbyfischern auf dem Rügendamm zu sehen, die von März bis Mai dort allmorgendlich, allabendlich und allnächtlich stehen und ihre langen Angeln ins Wasser halten, die wie ein dichter Schnurvorhang von der Brücke hängen. Erst kommt der Hering, das Silber der Ostsee, und im Mai der Hornfisch mit seinen leuchtend grünen Gräten, den es nur zum Laichen in baltische Gefilde treibt.

Im Rücken der Angler, die auf dem Stralsund und Altefähr zugewandten, abgegrenzten Fußgängerbereich des Rügendamms stehen, liegt zwischen dem Festland und Rügen eine Insel: der Dänholm. Ursprünglich hieß der Dänholm Strale und stand Stralsund damit entweder Namenspate oder war ein Taufbruder der Hanseatin. So genau kann das heute keiner mehr sagen. Sicher weiß man dagegen, dass die Umbenennung einer gescheiterten Däneninvasion des 14. Jahrhunderts zu verdanken ist.

Auf seinem Kupferstich hat Matthäus Merian der Ältere 1640 an das Eiland »Der Dehnholm« geschrieben. Ich mag das sehr. Das klingt, als würde sich die kleine Insel dehnen und dehnen, um an beide Enden des Sunds zu gelangen und mit ihrem unentschlossenen Zwitterdasein zwischen Stralsund und Rügen Schluss zu machen.

Genau diese besondere Lage jedoch war der Grund, warum Wallenstein auf dem Dänholm während des Dreißigjährigen Krieges eine große Festungsanlage errichten ließ. Kurz danach kündigten ihm die Stralsunder den Gehorsam, und die ebenso berühmte wie für Wallenstein erfolglose Belagerung der Stadt begann, in deren Folge wiederum die Schweden und mit ihnen

Carl Gustav Wrangel an den Strelasund kamen ... Die alten Militäranlagen wurden in den folgenden Jahrhunderten mehrfach ausgebaut, umgebaut, abgebaut und einmal sogar gänzlich geschleift, aber der Dänholm blieb doch ohne Unterbrechung in den Händen von Generälen. Als meine Großmutter in den Sechzigerjahren anfing, dort zu arbeiten, hatte gerade die Volksmarine das Kommando übernommen.

Oma hasste den Krieg. Durch ihn hatte sie ihre Heimat, ihre Familie, ihren ersten Verlobten und in den letzten Kriegsmonaten auch noch fast alle Schulfreunde verloren. Keiner älter als neunzehn. Diese Erfahrung hat sie sehr geprägt. Aber sie liebte auch klare Regeln. Übersichtlichkeit weckte stets ihr Vertrauen.

Deswegen hatte sie ihr Leben lang eine gespaltene Beziehung zum Militär. Einerseits war ihr die damit verbundene Macht suspekt, und sie unterlief diese, sobald es in ihren Augen nötig wurde, andererseits schätzte sie die straffe Organisation des Vereins sehr.

Meine Mutter ist da anderer Natur. Ihr Wesen schwankt zwar genau wie das meiner Großmutter und mein eigenes stetig zwischen Ordnung und Anarchie, aber sie neigte von Anfang an deutlich stärker zum Eigensinn.

Als sie 1969 ihre Gesellenprüfung als Handweberin abgelegt hatte und ihre fast achtzigjährige Stralsunder Lehrmeisterin bald darauf die Werkstatt schloss, die großen alten Webstühle verkaufte und in den Ruhestand ging, brauchte meine Mutter Arbeit. Solange sie sich nicht entschieden hatte, was sie mit ihrem schönen, aber auch sehr seltenen Beruf im Leben anfangen würde, musste sie irgendwo bleiben. Es ist heute ein wenig in Vergessenheit geraten, weil es schon so lange her ist, aber in der DDR wurden Arbeitslose verhaftet. Wer seine Stelle verließ und nicht sofort bei den Behörden angeben konnte, wann es wo weitergehen würde, machte sich »asozialen Verhaltens« verdächtig und damit strafbar. Ursprünglich sollten unter diesem juristischen Deckmantel Kriminelle weggeschlossen werden, aber im Alltag traf es vor allem Freiberufler, Künstler und Unentschlossene – was für den Arbeiter-und-Bauern-Staat aber ohnehin dasselbe war.

Um Maßregelungen dieser Art zu vermeiden, besorgte meine Oma meiner Mutter vorübergehend einen Job in der Offiziersmesse auf dem Dänholm. »Benimm dich, das sind meine Vorgesetzten!«, gab sie ihrer aufgeweckten siebzehnjährigen Tochter mit auf den Weg.

Die vornehme Arbeit als Bedienung des Stabs lag meiner charmanten, blonden Mutter. Beim Eindecken der Tische gab sie sich viel Mühe. Die Offiziere mochten sie gern und scherzten mit ihr.

Die niederen Tätigkeiten in der Küche verrichteten einfache Soldaten, die nur ein paar Jahre älter waren als meine Mutter. Sie freuten sich noch mehr über die Anwesenheit eines jungen, hübschen Mädchens. Und auch meine Mutter verstand sich gut mit den Jungs in der Küche. Weil sie ihr leidtaten, versuchte sie, ihnen zu etwas mehr Spaß zu verhelfen. Clever, wie sie war, kam ihr eine Bombenidee.

Da die Rekruten selten rausgelassen, aber regelmäßig zum Friseur in die Stadt geschickt wurden, begann sie, ihnen heimlich in der Küche die Haare zu schneiden, sodass die Matrosen während des einstündigen Ausgangs, statt beim Friseur zu warten, schnell in der Kneipe des nahen Rügendammbahnhofs ein paar Biere kippen konnten. Das flog natürlich irgendwann auf,

und der alte Kommandant, der meiner Mutter väterlich zuge-
tan war, ermahnte sie streng, bevor er sie zum Abwaschen in die
Maatenküche strafversetzte.

Aber so leicht war meine Mutter nicht zu bändigen. Wenn
die Soldaten nicht zu ihrem Vergnügen nach draußen durften,
dann musste das Vergnügen eben rein in die Kaserne. Als sie einige Wochen später nach Dienstschluss in der Maatenküche bei
einer Party mit diversen von ihr selbst hineingeschmuggelten
Flaschen Alkohol und einem Dutzend angetrunkener Matrosen
erwischt wurde, blieb dem Kommandanten nichts anderes übrig, als ihr zu kündigen. »In Unehren aus dem Armeedienst ent-
lassen«, scherzt meine Mutter noch heute.

Meine Großmutter fand das damals gar nicht komisch. Sie
war so wütend, dass sie bis zum Ende des Sommers nicht mehr
mit ihrer Tochter sprach.

Erst später, als aus dem missratenen Mädchen doch noch
etwas geworden war (und zwar Pädagogin), hat sie diese Geschichte oft selbst erzählt. Ich glaube, insgeheim imponierte ihr
der Widerstandsgeist ihres Kindes doch ein bisschen. Zumal
offensichtlich war, von wem sie den geerbt hatte.

Heute ist meine Mutter Bewährungshelferin. Jedes Mal,
wenn sie über einen ihrer jugendlichen Probanden Ungehor-
samsarrest verhängen lässt, denke ich, wie froh sie sein kann,
dass ihre eigene Mutter diese Möglichkeit damals nicht besaß …

Der Dänholm fällt dem ungeübten Auge eines Rügen-reisenden Autofahrers heute nicht mehr in den Blick. Dort, wo man
früher auf die kleine Insel schaute und gemütlich im Stau über
den Dänholm nach Rügen tuckerte, überragt nun die neue Strelasundquerung die Stadt und rast achtlos über alles hinweg.

Die Armee ist Anfang der Neunzigerjahre endgültig vom Dänholm abgezogen. In der Kaserne befindet sich heute das große Marinemuseum. Den früheren Tonnenhof hat sich das Meereskundemuseum als Ausstellungsplatz gesichert. In den Hallen und auf dem Freigelände des sogenannten Nautineums kann man ganze Schiffe sehen, U-Boote, Bojen, Baken, Harpunen und so weiter. Alles zu Meeresforschung, Fischfang und Seehydrografie. Gelegentlich werden dort auch Wale seziert.

Die schillernde jüngere Schwester des Nautineums ist natürlich das Ozeaneum, ebenfalls ein Kind des alten Meereskundemuseums am Katharinenberg in der Innenstadt.

Neben dem hohen Speicher am Stralsunder Hafen, ungefähr da, wo in meiner Kindheit die *Fritz Heckert* lag, ein zum Arbeiterwohnheim umgebautes DDR-Kreuzfahrtschiff, und jetzt die heimgekehrte *Gorch Fock* ankert, baut sich als gewaltige weiße Kulisse das neue, gigantische Aquarienkonstrukt auf. Eine internationale Attraktion.

Das Ozeaneum passt zur neuen Rügenbrücke, einem Monsterbau, der genauso angibt und ein bisschen tut, als sei er das baltische Pendant zur Sundial Bridge in Kalifornien oder zum Puente de la Mujer in Buenos Aires. Der Strelasund und die weite Welt. Ich wünschte, es wäre so.

Doch auch wenn die Rügenbrücke kein Calatrava ist – mit einem Monster hat sie deswegen noch keine Ähnlichkeit. Im Gegenteil. Elegant liegt sie in einem hellen Bogen über dem Wasser. Vom Stralsunder Frankenteich aus gesehen, unterscheidet sie nichts von anderen Ostseebrücken.

Sie ist nur so unglaublich groß. So viel gewaltiger als der flache Rügendamm, der einem nie die Sicht nahm, weder zum Dänholm noch auf Rügen, geschweige denn auf Stralsund.

Das ist jetzt anders. Man sieht gar nichts mehr von da oben. Die neue Brücke überfährt meine Kindheit gnadenlos: die Werft, den kleinen Bahnhof, die Ziegelgrabenbrücke, den Dänholm und den halben Sund. Selbst die schöne Hansestadt verschwindet unter der Brücke einfach.

Ich bin nicht sentimental, was das betrifft. Natürlich schaue ich mit einer gewissen Verklärung nach Rügen hinüber oder von Altefähr auf Stralsund (was sicher der Grund ist, warum das riesige, fremde Bauwerk seine gespenstische Wirkung auf mich noch nicht verloren hat), aber ich weiß, dass es immer so ist mit den Orten der Kindheit. Sie verschwinden mit der Zeit. So wie sie waren, existieren sie irgendwann nur noch in den Bildern unserer Erinnerung.

In Stralsund jedoch erhebt sich die Moderne heute nicht nur über meine Vergangenheit. Denn die neue Brücke von Stralsund hat es auch objektiv in sich. Das ganze Ausmaß des Neubaus eröffnet sich dem Betrachter erst von Rügen aus. Der zentrale Brückenpylon misst 128 Meter. Das sind knapp 25 Meter mehr als der höchste Kirchturm der Stadt. Zu Hansezeiten wäre das unmöglich gewesen. Eine Brücke höher als die Kirche, das war ungehörig. Nicht nur der lübischen Bauordnung nach sollte nichts die Gotteshäuser überragen.

Zumal diese Stralsunder Kirche, St. Marien am Neuen Markt, einmal das höchste Bauwerk der Welt war. Jawohl! Ganze zweiundzwanzig Jahre lang. Die erstaunliche Bestleistung liegt zwar schon über 350 Jahre zurück, und genau genommen war es auch nicht der heutige 104-Meter-Turm mit der Barockhaube, sondern der 1647 nach einem Blitzeinschlag abgebrannte alte gotische Turm von 151 Metern – aber Stralsund hielt dereinst den Weltrekord.

Als ich 1971 hier im Krankenhaus am Sund geboren wurde, war Stralsunds Bauruhm längst verblasst. Die Türme der Welt des 21. Jahrhunderts haben die 800-Meter-Marke hinter sich gelassen, und den Stadtrekord hält nun eben ein Brückenpfeiler mit Stahlseilen.

Kurz bevor an der A20, die den absurden Titel der längsten zweistelligen Autobahn Deutschlands trägt, die Abfahrt nach Stralsund kommt, fährt man an einem dieser braun-weißen Schilder vorbei, die Durchreisenden bedeuten sollen, was es alles hier zu sehen gäbe, wenn man denn hielte.

Jede der großen Hansestädte hat ihr eigenes Hinweisschild auf der neuen Ostseeautobahn, aber nur auf dem von Stralsund fliegt vor den sechs Spitzen der berühmten gotischen Rathausfassade eine kleine Möwenschar. Doch obwohl Möwen Stralsund tatsächlich dominieren, verbindet sich mit der Stadt meiner Geburt für mich noch eine andere Art Vögel. Stillere, die nicht so auffallen. Schwäne.

Es muss sie schon lange hier geben, denn selbst auf Merians jahrhundertealtem Kupferstich schwimmen sie unübersehbar zahlreich auf dem Frankenteich. Wenn man nicht genau hinschaut, könnte man sie für zierliche Nachen halten, aber es sind doch Schwäne. Mit gestreckten Hälsen schweben sie über das Wasser.

Als ich vor einigen Jahren eine Lesung in Stralsund hatte, saß ich am nächsten Morgen in einem Hotel am Neuen Markt beim Frühstück. Es war ein sonniger, freundlicher Herbsttag. Er passte gut zu meiner Stimmung.

Mein Blick fiel aus dem Fenster auf die steile Fassade der Marienkirche, die sich bedrohlich neben dem kleinen Giebelbau des Hotels erhob. Doch die dicken Mauern konnten meinen Blick auf das, was dahinterlag, nicht versperren. Ich brauchte sie nicht zu sehen, um sie vor Augen zu haben: die Stadtteiche von Stralsund. Die Teiche meiner Kindheit. Meine Großmutter ist so oft mit mir dort gewesen.

Sobald sich mein Besuch ankündigte, begann sie, altes Brot zu sammeln, das sie in kleine Stücke brach. Damit durfte ich später die Schwäne und Enten im Frankenteich oder am Hafen füttern, zu denen sich jedes Mal, sobald die Tüten ausgepackt wurden, aus dem Nichts rasant Dutzende Möwen gesellten. Ich bin bis heute sicher, dass in den Reihen dieser verfressenen Fliegerstaffeln ein gut organisiertes System aus Futterwachposten existiert.

Weil ich ein quirliges Kind war, trug ich sehr lange noch Handschuhe, die durch eine Schnur verbunden waren, damit ich sie nicht verlieren konnte. Sie baumelten links und rechts an mir herunter und schlugen sanft gegen meine Beine, wenn ich den Schwänen, die den Enten und Möwen unterlegen waren, mit vollem Körpereinsatz die Brotstücke zuwarf. Die rotbraune Backsteinsilhouette der Stadt leuchtete vor dem kalten, wolkenlosen Himmel. In meiner Erinnerung ist in Stralsund immer Winter.

Als ich an diesem Morgen im Hotel frühstückte, lag der Herbst in seinen letzten Zügen. Ich sah auf die Kirchmauer und dachte an die Schwäne. Am Vortag war ich aus Hamburg gekommen. Ich hatte mir mit der Weiterreise dort Zeit gelassen, um noch ein bisschen spazieren zu gehen.

Ich ging an die Alster. Zum ersten Mal. Das durch die breite Brücke geteilte Oval und die Schwäne auf dem Wasser erinnerten mich sofort an Stralsund. Wie eine Dornenkrone umgaben hier wie dort Bäume und Büsche das Ufer. Unter den Schuhen schmatzte der Morast der Wege. Von unzähligen Liebespaaren ausgetretene, satte, dunkle Pfade. In Hamburg sah ich überrascht das Stralsund meiner Kindheit wieder.

Natürlich ist die Alster ungleich größer als die winzigen Stralsunder Seen. Aber sie hatte für mich, jetzt, da ich eine Frau war, die gleiche Dimension wie die Teiche für das Kind, das ich damals war.

Ich dachte lange, ich würde nach Stralsund zurückkehren. In die schmale Straße am Hafen, in eine Wohnung wie die meiner Großmutter. Mit Fenstern, vor denen die Möwen in ihrer Maßlosigkeit schrien. Es muss befriedigend sein, als Möwe zu leben. Ohne jede Demut.

Ganz anders die Schwäne in den Teichen und am Sund. Sie haben mir immer leidgetan. Weil ich wusste, was passieren würde. Mit dem Winter kam jedes Jahr das gleiche Drama. Man konnte darauf warten. Wenn der Frost allzu schnell über die Stadt hereinbrach, erwischte es die Schwäne nachts im Schlaf. Sie froren oberhalb der Füße im Wasser ein. Wie eine überdimensionale Fessel hielt das Eis sie gefangen.

Es dauerte immer ein paar Tage, bis der Zoo aktiv wurde und die armen Tiere befreite. Bis es so weit war, ging meine Großmutter mit mir wie viele Stralsunder täglich zu ihnen, um sie zu füttern. War das Eis dick genug, konnte man ganz nah rangehen. Nicht so nah, dass die Schwäne mit ihren Hälsen oder den kräftigen Flügeln zuschlagen konnten, aber doch viel näher als sonst. Es bedurfte großer Geschicklichkeit, ihnen das Brot genau vor die Schnäbel zu werfen. Zumal die Hafenmöwen sich sofort auf die Brocken stürzten, die für sie gar nicht bestimmt waren.

Ich sehe es noch vor mir: die unglücklichen Schwäne, die starr im Eis steckten und darunter noch immer hilflos mit den Füßen paddelten. Das Rudern soll das eisige Wasser in Bewegung halten und so am Zufrieren hindern. Ein Überlebensreflex zur Nahrungssicherung. Schwäne gründeln. Die dichte Eisdecke, die sie gefangen hielt, war also nicht nur erniedrigend, sie ließ die Tiere auch auf die gnadenloseste Weise verhungern: mit den Füßen in der Vorratskammer. Durch das klare Eis ihr Futter vor Augen.

Aus meiner Erinnerung zurückgekehrt, schlug ich an diesem Morgen im Hotel am Neuen Markt eine Zeitung auf, die vor mir auf dem Tisch lag. Eine der Kurzmeldungen zog schnell meine Aufmerksamkeit auf sich. Die Schwäne der Hamburger Alster waren am Vorabend vom zuständigen Senatsmitarbeiter zusammengetrieben und in ein Winterquartier verfrachtet worden. In der Nachricht stand es dezidiert: Hamburg hat einen Beamten mit dem Tätigkeitsprofil, Schwäne vor der Kälte zu bewahren. Als ich sie auf dem Wasser beobachtet hatte, drehten sie ihre letzten Abschiedsrunden vor dem Frühjahr.

Ich grinste. So war das also: Während sich die armen Ostverwandten sonst was abfrieren mussten und gerade so durch Almosen am Leben erhalten wurden, kurten die fetten Westschwäne im Winterquartier, gehegt und versorgt.

Das hatte echten Fabelcharakter: Schwanenbeauftragte statt Sättigungsbeilagen. Je länger ich darüber nachdachte, desto komischer fand ich es. Am Ende prustete ich laut lachend meinen Kaffee über die Tischdecke.

Ich bin nicht nach Stralsund zurückgekehrt. Und ich bin sicher, dass das auch dann nicht passiert wäre, wenn die Mauer sich vor zwanzig Jahren nicht geöffnet und mit einem Mal die ganze Welt in ihrer Weite und all ihren Möglichkeiten vor mir gelegen hätte. Denn das Leben, von dem ich träumte und das ich später gefunden habe, spielte in großen Städten und auf langen, fernen Reisen.

Zu Hause und unterwegs. Ich habe immer Fernweh und Heimweh zugleich. Manchmal zerreißt es mich fast.

Trotzdem konnte ich Stralsund und die See nie vergessen. Die Spur meiner Herkunft hat tiefere Furchen in mir hinterlassen, als ich einmal angenommen habe, denn auf allen Reisen, in allen Ländern, an allen Ufern suche ich seit zwanzig Jahren das Gleiche: die Metropole am Meer.

Mir war immer bewusst, dass ich damit die zwei Seelen in meiner Brust vereinen will. Das Leben in der Großstadt und das Leben an der See. Aber dass sich dahinter im Grunde die Sehnsucht nach dem Stralsund meiner Kindheit verbirgt, habe ich erst sehr spät verstanden. Es ist dasselbe Problem wie mit den Frankenteichen, die dem kleinen Mädchen mit den Bommelhandschuhen riesig erschienen, denen die Frau aber schnell entwachsen war.

Mit Rügen ist es anders. Dass es mich immer wieder dorthin zieht, hat nichts mit dem Wunsch zu tun, dort real zu leben. Noch bin ich viel zu sehr ein Großstadtmensch aus Überzeugung, als dass ich mich auf ein Leben abseits des urbanen Trubels ganz einlassen könnte. Auch nicht auf meiner Insel. Trotzdem stelle ich es mir oft vor. Und manchmal tue ich sogar, als ob.

Es ist nicht lange her, da ist mir eine Geschichte passiert, hinter der viel mehr steckt als eine harmlose Aufschneiderei.

An einem windig-warmen Maitag hockte ich wieder einmal, selig in meinem Autismus versunken, vor Kap Arkona in den Steinen und suchte nach Schätzen. Die Urlauberfamilie, die schon eine ganze Weile hinter mir am Strand gegangen sein musste, bemerkte ich erst, als der kleine Sohn mich ansprach und fragte, ob er die Hühnergötter behalten dürfe.

Ich schaute ihn etwas verwirrt an: »Welche Hühnergötter?«

»Na, die Sie die ganze Zeit zur Seite legen. Ich hab sie eingesammelt.«

Wenn ich in meinen Steinsträndten herumkrame, lege ich Hühnergötter immer irgendwo gut sichtbar hin, damit Kinder wie dieser Junge sie leichter finden. Das ist mir gar nicht mehr bewusst.

»Natürlich darfst du sie behalten. Du hast sie doch entdeckt.«

»Wonach suchen Sie am Strand, wenn die Hühnergötter Sie so wenig interessieren?«, fragte mich nun der Vater des Jungen, der sich inzwischen auch genähert hatte. Ich sah zu ihm auf und antwortete: »Ach, heute suche ich mal Fossilien.«

Ich sagte HEUTE. Und MAL. Als würde ich mit größter Selbstverständlichkeit jeden Tag an diesem Strand nach etwas anderem suchen. Heute Fossilien, morgen Bernstein, übermorgen Katzengold ...

Ich war selbst ein bisschen überrascht, aber ich vermute, ich konnte der Versuchung einfach nicht widerstehen, so zu tun, als hätte ich das Meer nie verlassen. Als lebte ich noch immer an der See, stünde jeden Tag um Punkt sechs Uhr auf, um im Morgengrauen am Strand zu laufen, dann zu schreiben, dann am Nachmittag Fossilien zu suchen. Ein gutes, gesundes, glück-

liches Leben, vereint mit der Natur, den Blick fest auf die Weite
der See gerichtet.

Was sich da Bahn brach, war nicht nur das für Schriftsteller
so gut wie unerreichbare Ideal geordneter Lebensstrukturen,
sondern auch der Wunsch, nicht weggegangen zu sein. Es ist der
gleiche Impuls, der meine Mutter dazu bringt, in Wustrow Be-
stellungen beim Fleischer oder Bäcker stets unter ihrem Mäd-
chennamen Bradhering zu machen. Der einzige Mensch, dem
sie damit etwas signalisieren will, ist sie selbst. Hier komme ich
her. Und hier gehöre ich hin.

Ich bin überzeugt davon, dass es Menschen gibt, die, dem
Ort ihrer Kindheit entrissen, auf immer heimatlos bleiben und
sich deshalb bis zum Ende ihres Lebens an den Ankerplatz ihrer
Herkunft zurücksehnen werden. Meine Mutter und ich gehören dazu.

Meine Großmutter war der andere Typ. Der, der alles hinter sich lässt und einfach weitergeht. Neues Spiel, neues Glück.
Aber vielleicht hat sie auch nur so getan. Sie hatte ja keine andere Chance.

Solange ich über Lebensentwürfe nachdenke, über Ziele und
Wünsche, darüber, was ich im Leben erreichen möchte, und darüber, worauf ich verzichten kann, gab es eine Konstante. Bei
allen Irrungen, Wegzweigen und Planänderungen der letzten
Jahrzehnte: Ich wollte immer ein Haus am Meer.

So sehr, dass ich es von Anfang an klar vor mir sah. Den offenen unteren Raum, die der See zugewandte Glasseite, die Holz-
terrasse, die Steilküste, das unendliche Wasser, den Schreibtisch im oberen Stock, die Bücherregale in den Abseiten. So
habe ich es vor Augen, seit ich ein Teenager war.

Ich habe in Gedanken so oft in meinem Haus gesessen, dass ich nie ernste Zweifel hatte, dort tatsächlich irgendwann anzukommen. Zu deutlich konnte ich das Holz nachts im Wind knarren hören, durch das Fenster auf die ruhelose See schauen, nach einem langen Spaziergang am Strand das Salz in den Handflächen spüren. Die Taschen voller Muscheln.

Vergangenes Jahr war ich längere Zeit in einem solchen Haus. Es glich dem in meinem Kopf bis zu den Fliesen auf dem Fußboden. Alles war da: der Ausblick, die Abgeschiedenheit, die Terrasse, der große Raum mit der Glasfront, das sich in den Wänden bewegende Holz, die Gischt, der Wind, die Bücher, der Schreibtisch. Unten wuchtete die See gegen das Ufer, als wäre da eine Tür, die aufgebrochen werden muss, koste es, was es wolle.

Abgesehen davon, dass dieser Traum am Meer nicht mein Eigentum war, sondern mir von Freunden eine Weile großzügig zum Arbeiten überlassen wurde, hatte die Sache nur einen Haken: Das schöne Haus mit den Abseiten stand nicht an der Ostsee, sondern 15 000 Kilometer von dort entfernt, am sprichwörtlich anderen Ende der Welt. In Isla Negra am Südpazifik.

Ich habe früher oft gesagt, es sei egal, an welchem Meeresufer ich mich aufhielte, ich säße doch immer an der Ostsee. Aber erst in den Tagen der Zurückgezogenheit am Ozean vor der chilenischen Zentralküste spürte ich, wie sehr das stimmt – und was für eine Binsenweisheit es zugleich ist. Natürlich sitze ich immer an der Ostsee: Ich schaue ja mit keinen anderen als meinen Augen auf das Meer. So etwas wie Objektivität der Betrachtung kann es nicht geben, weil Menschen stets die Brille ihres eigenen Lebens tragen.

Als ich durch die meine von der Terrasse auf den Pazifik sah, hatte ich trotzdem das unbestimmte Gefühl, am Horizont zu erkennen, dass dahinter nicht Schweden oder Dänemark, sondern Neuseeland lag. Jedenfalls, wenn man lange genug schwimmt.

Natürlich war das Unfug. Die Weite des offenen Meeres sieht immer gleich aus. An der Schnittlinie treffen Himmel und Wasser aufeinander. Davor manchmal ein fernes Schiff. Allein an der Kimm kann man niemals erkennen, wo man sich gerade befindet.

Aber darum ging es im Grunde auch nicht. Im Rätsel des Horizonts verbarg sich etwas anderes, viel Wichtigeres: die Frage, ob mein Haus auch hier stehen könnte.

Ursprünglich war ich an die chilenische Küste gefahren, um dieses Buch zu beginnen. Über Rügen, meine Kindheit und die Ufer der Ostsee. Aber der Pazifik lenkte mich ab. Statt zu schreiben, saß ich da, Tag für Tag, lauschte dem unterdrückten Grollen des fremden Ozeans und dachte darüber nach, was mit den Träumen im Leben passiert, wenn man älter wird.

Manchmal muss man weit weg gehen, um sich zu verstehen. Als ich das wunderschöne Anwesen meiner Freunde in Isla Negra wieder verließ, war mir klar geworden, dass mein Haus nicht an irgendeinem Meer der Welt stehen kann. Es muss unbedingt die Ostsee sein. Mein kleines, geliebtes, ungestümes grünes Brackmeer im Norden Europas.

Ich weiß inzwischen, dass es mich, egal, wie anders mein Leben auch hätte verlaufen können, immer dorthin zurückziehen würde. Dahin, woher ich komme: nach Stralsund, auf die Insel Rügen, an die Ostsee.

Denn der Traum vom Haus an meinem Meer ist nicht nur der Wunsch nach einem festen Ort für Ferien und Wochenenden an der See. Es ist der Wunsch, heimzukehren. Zu Hause zu sein. Bei mir. Die tiefe Sehnsucht, irgendwann endlich anzukommen.

Wind und Wellen, Stockrosen im Garten und ein paar schreiende Möwen über der Wäscheleine dürfen dabei natürlich nicht fehlen.